胸怀天下

中国式现代化的世界意义

王义桅 著

『中国式现代化研究』丛书

浙江人民出版社

图书在版编目（CIP）数据

胸怀天下 ：中国式现代化的世界意义 / 王义桅著.
杭州 ：浙江人民出版社，2025. 2. -- ISBN 978-7-213
-11652-0

Ⅰ. D61

中国国家版本馆CIP数据核字第2024A7E850号

胸怀天下

——中国式现代化的世界意义

王义桅 著

出版发行	浙江人民出版社（杭州市环城北路177号 邮编 310006） 市场部电话:(0571)85061682 85176516
责任编辑	郦鸣枫
责任校对	姚建国
责任印务	程 琳
封面设计	异一设计
电脑制版	杭州兴邦电子印务有限公司
印 刷	浙江新华数码印务有限公司
开 本	710毫米×1000毫米 1/16
印 张	15
字 数	180千字
版 次	2025年2月第1版
印 次	2025年2月第1次印刷
书 号	ISBN 978-7-213-11652-0
定 价	58.00元

献给恩师倪世雄(1940—2024)

以及致力于现代化事业的先辈

中国式现代化是人口规模巨大、全体人民共同富裕、物质文明和精神文明相协调、人与自然和谐共生、走和平发展道路的现代化，既基于自身国情、又借鉴各国经验，既传承历史文化、又融合现代文明，既造福中国人民、又促进世界共同发展，是我们强国建设、民族复兴的康庄大道，也是中国谋求人类进步、世界大同的必由之路。

——习近平：《携手同行现代化之路——在中国共产党与世界政党高层对话会上的主旨讲话》（2023年3月15日，北京）

推荐序
中国式现代化的“横渠四句”

林毅夫

北宋时期张载所提的横渠四句“为天地立心，为生民立命，为往圣继绝学，为万世开太平”振聋发聩，千百年来激励着无数士大夫。今天，这也成为中国式现代化的注脚。

在第79届联合国大会一般性辩论上的演讲（2024年9月28日，纽约联合国总部），中共中央政治局委员、中华人民共和国外交部长王毅分析了中国式现代化的世界意义：

> ——中国式现代化将有力促进世界和平稳定。中华文明崇尚和平理念，中华民族没有扩张传统。近代中国曾饱受列强欺凌，深知和平弥足珍贵，发展来之不易。中国是世界上唯一将和平发展写入宪法的大国，是五核国中唯一承诺不首先使用核武器的国家。我们积极探索并践行中国特色热点问题解决之道，为破解安全困境、完善安全治理提供助力，为消弭冲突、建设和平铺路架桥。中国每发展一步，和平力量就壮大一分。
>
> ——中国式现代化将有力促进各国共同发展。中国不追求独善其身，我们愿同各国携手同行。通过进一步扩大高水平开放，主动对接国际高标准经贸规则，营造市场化、法治化、国际化一流营商环境。中国已同多个国家全面互免签证，扩大单方面免

签，不断便利中外人员往来。中国大力推动高质量共建“一带一路”，以实际行动支持联合国2030年可持续发展议程。中国加快落实支持“全球南方”合作八项举措以及支持非洲和平发展的一系列重要倡议，助推“全球南方”国家在现代化道路上阔步前行。

——中国式现代化将有力促进完善全球治理。中国始终支持联合国不断改革发展，打造“联合国2.0”。国际金融体系需要与时俱进，全球治理应当更为均衡有效。中国将继续履行自身国际义务，对联合国提供财政支持，向联合国输送优秀人才。联合国系统应呼应发展中国家的正当诉求，提升“全球南方”国家的代表性和发言权。

——中国式现代化将有力促进人类文明进步。中国式现代化既扎根于中华大地，也借鉴了各国文明成果，开创了人类文明新形态，为各国探索现代化道路提供了新的选择。中国主张不同文明相互尊重，相互借鉴，共同推进人类文明事业。中国推动设立文明对话国际日，倡导加强国际人文交流合作，推动各国人民相知相亲。

可喜的是，这些在王义桅教授新作《胸怀天下：中国式现代化的世界意义》里得到了充分阐述，并上升到器物、制度、精神文明的高度。全书从文明逻辑、历史逻辑、实践逻辑等多维度全面深入探讨了中国式现代化对世界的今天和明天意味着什么，回应了中国的现代化之问、现代化的世界关切和人类的现代化情怀。

凡是过往，皆为序章。西方基督教一神论和资本主义驱动的现代化，只带动了人类八分之一的人口实现现代化，而且日益呈现其负外部性和非道德性——对自然和传统的破坏。中国式现代化是14亿级中国人民共同富裕的现代化，超过西方带动的现代化人口总和，极大改写人类现代化版图。更重要的，中国式现代化从人与人、人与自然、人与社会、国与国等各层面学习借鉴更超越了西方现代化，开创人类文明新形态。中国式现代化鼓励成为自己而非异化，走符合自身国情的现代化道路，可谓主场现代化，开启现代化史的哥白尼革命。如果说西方现代化是人类现代化的序曲，包括中国在内的全球南方国家的发展进步才是人类现代化的交响。

作为全国首家（当然也是世界首家）习近平新时代中国特色社会主义思想研究院副院长，王义桅教授在“一带一路”、人类命运共同体等领域研究取得丰硕成果，并在向世界讲述习近平新时代中国特色社会主义思想和中国故事方面做出突出贡献。近年来从道理、学理到哲理，他更集中探讨了中国式现代化的理论逻辑，提出以人类命运共同体史重塑人类现代化史，构建自主现代化知识体系的时代命题，展示了新时代中国学者的“横渠四句”精神。

作为北京大学新结构经济学研究院院长、世界银行前高级副行长和首席经济学家，我一直致力于实现中国式现代化的理论与实际相结合，文化与制度相结合，中国与世界相结合，特别推荐此书。

2024 年 10 月 24 日

序言
从“现代化的中国之问”到“中国的现代化之问”：现代化的中国自信与中国自觉

以中国式现代化全面推进强国建设、民族复兴伟业，是新时代新征程党和国家的中心任务，是新时代最大的政治。

党的二十大报告指出，“在新中国成立特别是改革开放以来长期探索和实践基础上，经过十八大以来在理论和实践上的创新突破，我们党成功推进和拓展了中国式现代化”[①]。

“推进和拓展了中国式现代化”说明“中国式现代化”既是完成时，还是进行时，彰显现代化的中国自信与中国自觉。

一、现代化的中国之问

人类历史上各种文明大放异彩，构成了人类文明百花园。自近代以来，欧洲经过宗教革命，把人从神那里解放出来，告别黑暗的中世纪，形成所谓的“现代性”。经过文艺复兴、启蒙运动，尤其是工业革命，欧洲领先世界，把自己包装成为现代文明，以普世价值向外推

---

① 习近平：《高举中国特色社会主义伟大旗帜　为全面建设社会主义现代化国家而团结奋斗——在中国共产党第二十次全国代表大会上的报告》，人民出版社2022年版，第22页。

广，搞殖民掠夺，将这种现代性的全球扩张说成是“全球化”。[1]“现代性”作为一个地方性的欧洲概念，变成了一个全球性的概念。现代化成为各国孜孜以求的梦想，也成为工业化和西方化的代名词。对此，《共产党宣言》有深刻描绘：“资产阶级，由于开拓了世界市场，使一切国家的生产和消费都成为世界性的了”[2]；“正像它使农村从属于城市一样，它使未开化和半开化的国家从属于文明的国家”[3]。

中国能否实现现代化？这是特长历史、特落后国家、特大规模、特世俗文明中国的世界疑问。中国走出了具有中国特色又具有普遍性的现代化道路，如此快速实现现代化，是对“现代化四问”的系统回答，凸显现代化的中国自信：

如此古老：如何实现现代化和本土化协调发展，打破文明古国现代化就是世俗化、西化的魔咒？现代化是近代以来中国屹立于世界民族之林的鲜明概括，是近代以来中国仁人志士的夙愿，是从文明古国迈向现代化国家的最大转型。从人类文明形态看，中国式现代化不仅开启了文明古国复兴的光明前景——现代化不意味着破坏传统，而是对传统文化的创造性转化和创新性发展，实现本土化与现代化统一，而且实现了独立自主而非依附于人、关注当下而非寄托来世、以人民为中心而非以资本为中心的现代化新形态。

如此一穷二白：中华人民共和国初成立时可谓“一穷二白”，改

---

① 强世功指出，大航海时代的欧洲人将其文明通过传教、商业、暴力等方式向全球范围扩张、推广，从而取得普遍主义的凌驾性支配地位；冷战结束以来，美国全力打造“全球化”的意识形态，希望将其生活方式在全球加以推广，从而利用后冷战单极世界优势，缔造一个由美国主导的世界帝国。强世功：《全球化与世界帝国》，《读书》2023年第3期，第5页。

② 《马克思恩格斯选集》第1卷，人民出版社1995年版，第276页。

③ 《马克思恩格斯选集》第1卷，人民出版社1995年版，第277页。

革开放初期我国的人均GDP不及撒哈拉沙漠以南非洲国家平均数的三分之一，中国共产党团结带领全国各族人民历经千辛万苦、付出巨大代价，坚持独立自主、依靠自力更生，仅用几十年的时间就基本完成了工业化历程，创造了经济快速发展和社会长期稳定两大奇迹。中国式现代化是中国共产党领导的社会主义现代化，走中国特色的社会主义发展道路，发挥“集中力量办大事”的社会主义制度优越性，发扬中华儿女在长期奋斗中逐步实现的吃苦精神与斗争品格，凝聚起推动中华民族伟大复兴的磅礴力量。

如此规模：长期以来，占世界人口近五分之一的中国要实现现代化，被认为是不可能甚至是很可怕的事情，这是发达国家流行“中国威胁论”的潜台词。20年前，国际社会甚至质问：“谁来养活中国?”2010年4月15日，时任美国总统奥巴马在接受澳大利亚电视台采访时说：“如果超过10亿的中国人也像澳大利亚人、美国人现在这样生活，那么我们所有人都将陷入十分悲惨的境地，因为那是这个星球所无法承受的。”[①]这就是“奥巴马之问”。中国国土面积与美国差不多大，耕地总面积少于美国，人口总量则是美国的四倍，还存在等量降水线或曰“胡焕庸线”，如何实现现代化？中国能否实现现代化？如何以中国式现代化实现中华民族伟大复兴？中国式现代化是中国之幸，也是世界之幸。

如此快速：中国在几十年时间里走过西方国家几百年的现代化历程。究其原因，就是中国共产党人把马克思主义基本原理同中国具体实际相结合、同中华优秀传统文化相结合，既借鉴人类文明中的优秀

---

① Kerrie O'Brien. Face to Face with Obama. Australian Broadcasting Corporation［EB/OL］.（2010-04-15）［2021-03-21］. https://www. abcnet. au/7.30/face-to-face-with-obama/2673356.

成果，又在中国历史文化和中国国情下实现真正意义上的理论超越，打破了西方国家话语霸权和线性进化论的桎梏，打破了人们对于西方模式的盲目崇拜和路径依赖。2013年9月30日，习近平总书记在十八届中央政治局第九次集体学习时的讲话中指出："西方发达国家是一个'串联式'的发展过程，工业化、城镇化、农业现代化、信息化顺序发展，发展到目前水平用了二百多年时间。我们要后来居上，把'失去的二百年'找回来，决定了我国发展必然是一个'并联式'的过程，工业化、信息化、城镇化、农业现代化是叠加发展的。"①

二、中国的现代化之问

2023年3月15日，习近平总书记在中国共产党与世界政党高层对话会上的主旨讲话中提出"现代化之问"："两极分化还是共同富裕？物质至上还是物质精神协调发展？竭泽而渔还是人与自然和谐共生？零和博弈还是合作共赢？照抄照搬别国模式还是立足自身国情自主发展？我们究竟需要什么样的现代化？怎样才能实现现代化？"②并且以五方面作答："我们要坚守人民至上理念，突出现代化方向的人民性"；"我们要秉持独立自主原则，探索现代化道路的多样性"；"我们要树立守正创新意识，保持现代化进程的持续性"；"我们要弘扬立己达人精神，增强现代化成果的普惠性"；"我们要保持奋发有为

① 中共中央文献研究室编：《习近平关于科技创新论述摘编》，中央文献出版社2016年版，第24—25页。

② 习近平：《携手同行现代化之路——在中国共产党与世界政党高层对话会上的主旨讲话》，人民出版社2023年版，第2页。

姿态，确保现代化领导的坚定性”。[①]中国式现代化“既基于自身国情、又借鉴各国经验，既传承历史文化、又融合现代文明，既造福中国人民、又促进世界共同发展，是我们强国建设、民族复兴的康庄大道，也是中国谋求人类进步、世界大同的必由之路”[②]。

三、中国式现代化是“四个自信”的集中体现

中国式现代化抓住现代化这一人类的共性主题，比中国特色社会主义的话语叙事更加有包容性。中国式现代化主要有两个含义：一是实现现代化的中国方式（Chinese path to modernization）。二是中国在创造人类好的现代化（Chinese modernization）。

不再强调“中国特色的”，而是“中国式现代化”，因为这是“四个自信”的集大成者：

道路自信：中国式现代化是走和平发展道路的现代化。一些老牌资本主义国家走的是暴力掠夺殖民地的道路，是以其他国家落后为代价的现代化。秉持“以和为贵”理念，我国的现代化之路与奉行霸权主义、扩张主义的西方现代化有着本质的不同。新中国成立后，通过农业、工业产品的“剪刀差”实现原始积累，通过个人和集体奉献服务于国家长远发展，通过举国体制实现工业化，并通过改革开放创造经济快速增长和社会长期稳定的双重奇迹。中国始终坚持在维护世界和平中推动发展，在推动发展中促进世界和平。

① 习近平：《携手同行现代化之路——在中国共产党与世界政党高层对话会上的主旨讲话》，人民出版社2023年版，第2—4页。

② 习近平：《携手同行现代化之路——在中国共产党与世界政党高层对话会上的主旨讲话》，人民出版社2023年版，第5页。

制度自信：中国式现代化是物质文明和精神文明相协调的现代化，这是中国特色社会主义制度决定的。中国人理解的现代化本来兼具器物、制度、精神文明层面的内涵。只有物质文明建设和精神文明建设都搞好，国家物质力量和精神力量都增强，人民物质生活和精神生活都提升，社会主义现代化才能顺利向前推进。

理论自信：中国式现代化是全体人民共同富裕的现代化，深刻回答了“谁的现代化”“现代化为了谁”“实现现代化依靠谁”的根本问题，正在构建自主现代化知识体系和理论体系。是所有人共同富裕还是少数人富裕，这是中国式现代化与西方现代化的根本区别。我们既坚持做大“蛋糕”，又注重分好“蛋糕”，使全体人民共享现代化成果。

文化自信：中国式现代化是人与自然和谐共生的现代化，这是和合共生的中华优秀传统文化的时代呈现。中国自古笃信“天人合一”，今天转化为“绿水青山就是金山银山”理念。“双碳”约束在西方现代化历史上是没有的。比如，美国仅仅3亿多人口，却消费了世界上五分之一至四分之一的原油，这种现代化是以攫取全球资源为代价的。中国人口是美国的四倍多，断然不可能去模仿这种不可持续的现代化。尽管也走过“先污染后治理”的弯路，但现在中国走的是节约资源、保护环境、绿色低碳的新型发展道路，以期提供更多优质生态产品以满足人民日益增长的优美生态环境需要。

“四个自信”铸就历史自信，中国式现代化是人口规模巨大的现代化，改写了现代化历史。我国14亿多人口要整体迈入现代化社会，其规模超过现有发达国家人口的总和，将彻底改写现代化的世界版图。

中国式现代化的五大特征可以说也为世界好的现代化树立榜样、立下标准。中国不输入也不输出现代化模式，用“中国式现代化”，而非“中国现代化模式”的提法，就表明现代化没有最好，只有更好，需要不断与时俱进、改革完善。这也是奋进新时代、启航新征程的题中应有之义。

四、中国式现代化的中国自觉

针对实现什么样的现代化这一历史课题，习近平主席郑重提出携手推进公正合理、开放共赢、人民至上、多元包容、生态友好、和平安全的现代化。[①]这六大主张符合广大发展中国家切身需要，也为引领世界各国现代化指明了方向。

坚定历史自信，增强历史主动。中国式现代化不仅走得通、走得好、走得稳，而且自觉推进人类现代化进程，开创了好的现代化前景。党的二十大报告指出：“全党同志务必不忘初心、牢记使命，务必谦虚谨慎、艰苦奋斗，务必敢于斗争、善于斗争，坚定历史自信，增强历史主动，谱写新时代中国特色社会主义更加绚丽的华章。”[②]“从现在起，中国共产党的中心任务就是团结带领全国各族人民全面建成社会主义现代化强国、实现第二个百年奋斗目标，以中国式现代化全面推进中华民族伟大复兴。”[③]“中国式现代化的本质要求是：

---

① 习近平：《携手推进现代化，共筑命运共同体——在中非合作论坛北京峰会开幕式上的主旨讲话》，《人民日报》2024年9月6日，第3版。

② 习近平：《高举中国特色社会主义伟大旗帜　为全面建设社会主义现代化国家而团结奋斗——在中国共产党第二十次全国代表大会上的报告》，人民出版社2022年版，第1—2页。

③ 习近平：《高举中国特色社会主义伟大旗帜　为全面建设社会主义现代化国家而团结奋斗——在中国共产党第二十次全国代表大会上的报告》，人民出版社2022年版，第21页。

坚持中国共产党领导，坚持中国特色社会主义，实现高质量发展，发展全过程人民民主，丰富人民精神世界，实现全体人民共同富裕，促进人与自然和谐共生，推动构建人类命运共同体，创造人类文明新形态。”①

这就指明了现代化的中国自觉：自觉进行伟大斗争以推进中国式现代化，自觉以中国式现代化实现中华民族伟大复兴，自觉推动构建人类命运共同体，创造人类文明新形态。

从人类文明新形态而言，横向比，尽管西方现代化模式有不同，但都归结为西方现代化，即资本主义现代化；纵向看，中国式现代化不是跟盎格鲁-撒克逊模式、莱茵模式、北欧模式相对应的现代化模式概念，而是在强调：谁的现代化，为了谁、依靠谁的现代化？正是从人类文明形态角度，中国式现代化学习借鉴又超越了西方现代化。

现代化是“欧洲中心论”的话语，以“现代-落后”“文明-野蛮”的二元叙事，乃至形成“前现代-现代-后现代”的欧盟线性进化说辞。第二次世界大战结束后，美国崛起称霸全球，“欧洲中心论”为“美国中心论”取代，“发达-发展中-欠发达”国家叙事取代欧洲的现代化叙事。中国式现代化摒弃了西方以资本为中心的现代化、两极分化的现代化、物质主义膨胀的现代化、对外扩张掠夺的现代化的老路，打破了“现代化＝西方化”的迷思，拓展了发展中国家走向现代化的途径，为人类对更好社会制度的探索提供了中国方案。作为5000多年连续不断的中华文明伟大复兴，中国式现代化是与人类现代化相对应的更具包容性的叙事，而非仅仅与西方现代化相对应

① 习近平：《高举中国特色社会主义伟大旗帜　为全面建设社会主义现代化国家而团结奋斗——在中国共产党第二十次全国代表大会上的报告》，人民出版社2022年版，第23—24页。

的叙事。中国式现代化避免了西式现代化的思维依赖、路径依赖、体系依赖，走自主现代化道路，构建自主的现代化知识体系，重塑全球政治生态体系，自信自觉地开展现代化的战略叙事。

总之，从现代化的起点来讲，中国是文明古国，从这里出发，实现现代化，而不是西方从所谓的黑暗中世纪出发进行现代性的扬弃，超越了西方现代化叙事。对于其他的文明古国来讲，中国式现代化从文明转型的意义来讲有重要启示：现代化不是“去传统文化”。从现代化路径来讲，中国正在实现最大的发展中国家现代化，无论从数量、质量、内涵和性质来讲，都超越了西方现代化，对全球化的现代化版图有重要的意义。从现代化目标讲，中国要立己达人，推动更多的国家实现现代化，推动世界共同现代化，以人与自然和谐相处的、和平发展的现代化和人的全面发展的现代化再造现代化的含义，目标是构建人类命运共同体，创造人类文明新形态。一句话，什么是现代化，谁的现代化，为了谁的现代化，依靠谁的现代化，怎样实现现代化……现代化再造中国，中国也再造现代化，赋予现代化以文明的底蕴与意义。中国式现代化不仅激励、助推广大发展中国家独立自主地走符合自身国情的现代化道路，实现世界共同现代化，构建人类命运共同体，还启迪、鞭策西方现代化，赋能、铸魂人类现代化事业。这就是现代化的中国自信与中国自觉。

目 录

从现在起，中国共产党的中心任务就是团结带领全国各族人民全面建成社会主义现代化强国、实现第二个百年奋斗目标，以中国式现代化全面推进中华民族伟大复兴。

中国式现代化摒弃了西方以资本为中心的现代化、两极分化的现代化、物质主义膨胀的现代化、对外扩张掠夺的现代化老路，打破了"现代化等于西方化"的迷思，拓展了发展中国家走向现代化的途径，为人类对更好社会制度的探索提供了中国方案。

中国正在以中国式现代化全面推进强国建设、民族复兴伟业。我们追求的不是中国独善其身的现代化，而是期待同广大发展中国家在内的各国一道，共同实现现代化。世界现代化应该是和平发展的现代化、互利合作的现代化、共同繁荣的现代化。

中国式现代化的本质要求是：坚持中国共产党领导，坚持中国特色社会主义，实现高质量发展，发展全过程人民民主，丰富人民精神世界，实现全体人民共同富裕，促进人与自然和谐共生，推动构建人类命运共同体，创造人类文明新形态。

第一章

文明古国的现代转型：现代化的文明逻辑

当今世界不同国家、不同地区各具特色的现代化道路，植根于丰富多样、源远流长的文明传承。人类社会创造的各种文明，都闪烁着璀璨光芒，为各国现代化积蓄了厚重底蕴、赋予了鲜明特质，并跨越时空、超越国界，共同为人类社会现代化进程作出了重要贡献。

工业革命以来，西方国家率先实行了现代化，目前为止，其他国家要实现现代化，只有学习西方并依附西方。因此很多观点便认为，西方的现代文明代表人类文明的终极形态，其他国家要实现现代化，就要实行西方制度，放弃自己的传统。这是西方话语体系的叙事陷阱。中国式现代化的重要意义，就在于打破这种神话，还原现代化的本质含义：各种文明成为自己，走符合自身国情的现代化道路；现代化目标是实现人的自由而全面的发展，而非西化。换言之，中国式现代化的世界意义正是创立了“各美其美，美人之美，美美与共”的前提——觉得自己是美的，还原了世界多样性。

第一节

各美其美：传统文化的创造性转化与创新性发展

实现现代化是世界各国的普遍追求，但这对文明古国而言更显艰巨：埃及爆发“阿拉伯之春”，俄罗斯想融入欧洲却为乌克兰阻断，土耳其加入欧盟乃“等待戈多”……如何实现现代化和本土化协调发展，打破文明古国现代化就是世俗化、西化的魔咒？

埃及是人类文明发源地之一，但历史上曾被不同帝国征服、殖民，古埃及和今天的埃及已经联系甚少，人种、语言、文明大为不同。其阿拉伯、非洲、伊斯兰的多重属性为美国所利用，与以色列和解的《戴维营协议》并没有解决身份危机、给中东带来和平。时至今日，以色列还觊觎埃及的西奈半岛，将加沙地带巴勒斯坦人赶往埃及……

俄罗斯是典型的跨欧亚大陆国家，自彼得大帝以来便把融入欧洲作为国家目标，甚至连普京在执政初期都曾提出加入北约。但北约东扩导致的乌克兰危机让俄罗斯人清醒地认识到，希望加入欧洲实现民族复兴的愿望是竹篮打水一场空。2022 年 2 月 24 日“俄乌冲突”爆发后，俄罗斯发布新国家战略，再造俄罗斯。俄罗斯是文明型国家，不是欧洲的民族国家；俄罗斯是欧亚文明，不是欧洲文明。

长期以来，土耳其把加入欧盟作为国家追求。现代“土耳其国父”凯末尔曾说过：“军事胜利对真正解放来说是不够的，在民族的政治、社会生活中，在民族的思想教育中，我们的指南将是科学和技术，能否成为现代文明的国家，是生死存亡的问题。”[①]然而，现代文明被错误地理解为世俗化、融入欧洲，土耳其并不能被欧洲所接纳，又无法回到伊斯兰。近年来埃尔多安打出“突厥”旗号，创立“突厥国家组织”，引发国内外争议。

土耳其历史文化积淀深厚，地理位置优越，自然风光优美，是一个横跨欧亚大陆的伊斯兰国家，被称为“文明的摇篮”。古希腊和东罗马帝国的遗迹在此汇聚，亚洲和欧洲在此分界，黑海、马尔马拉海、爱琴海和地中海将此环绕。这是一个兼有古典与现代、东方与西方、发达与发展中面孔的神奇国度。“一带一路”倡议带来土耳其联通欧亚非大陆的天命，具体呈现三重效应。

效应一，文明共同复兴。中国社会学家费孝通先生曾说：“各美其美，美人之美，美美与共，天下大同。”可是，如果你自己都觉得自己不美，如何“美美与共”？“一带一路”倡议鼓励各国走符合自身国情的发展道路，将命运掌握在自己手里，倡导战略对接。这就激励、激活了越来越多国家的梦想，尤其是文明古国的复兴梦。这些国家纷纷提出发展战略与中国对接，以期实现共同复兴。土耳其很早就有“丝绸之路复兴计划”，“一带一路”倡议更激活了其跨里海东西中间走廊倡议（简称“中间走廊”倡议）。2015年10月，在安塔利亚二十国集团（G20）峰会期间，中国政府与土耳其政府签署了关于将“一带一路”倡议与“中间走廊”倡议相衔接的谅解备忘录，为双方

① ［土耳其］M. 许克吕·哈尼奥卢著，时娜娜译：《凯末尔传》，商务印书馆2017年版。

相关合作提供了指南。通过中欧班列，土耳其再次成为东西方文明共同复兴的纽带。

效应二，以地缘经济超越地缘政治。“一带一路”的关键词是互联互通，要超越地缘政治“分”的哲学，以和合文化，打造地缘经济、地缘文明。作为连接欧亚大陆的脐带——从伊斯坦布尔到安卡拉的高铁，激活了中欧高铁网的梦想：中国的高铁网从乌鲁木齐出境，经中吉乌铁路，到阿塞拜疆，经里海通向土耳其，融入欧洲高铁网，由此建成欧亚高铁网；同时，延伸欧洲倡导的巴杰输油管道，将其打造为欧亚能源走廊。

效应三，以包容性地区秩序追求公平正义。欧洲人开创全球化时，指责奥斯曼土耳其帝国切断了古代陆上丝绸之路，转而通过海洋走向世界，建立殖民体系；美国霸权阶段，又将“欧洲中心论”发展为“美国中心论”。这正是造成今天国际社会不公正的源泉。“一带一路”倡议着力推动陆、海、天、网四位一体的联通，改变了海洋型“全球化”和“西方中心论”带来的不公正、不合理和不可持续的国际秩序，打造包容性全球化，构建人类命运共同体。

特别是在土耳其等中东国家，青年人的失业率高企，如今通过中国投资设厂及共同开发第三方市场，发挥劳动力优势，实现全球产业链重组。土耳其辐射巴尔干、高加索、中东地区，是开展国际产能合作的枢纽和文明交流互鉴的节点，也是打造公正合理中东地区秩序的关键国家之一。在“一带一路”倡议下，土耳其将成为连接各大文明的桥梁和纽带，成为开创包容性秩序和实现国际公正秩序的关键中东国家。

联合国教科文组织曾提出，发展最终应以文化概念来定义，文化的繁荣是发展的最高目标。[1]这里的“文化”，是指传统文化的创造性转化与创新性发展，不是西方文化。中国式现代化打破了“现代化＝西方化”的迷思，打破了“爱屋及乌——羡慕西方器物就采用西方制度、文化”的逻辑，激励鼓舞了文明古国的现代转型，是要成为自己而非成为西方。“中国式现代化是赓续古老文明的现代化，而不是消灭古老文明的现代化；是从中华大地长出来的现代化，不是照搬照抄其他国家的现代化；是文明更新的结果，不是文明断裂的产物。”[2]这正是“一带一路”的“路”——道路的精髓，也是其吸引力的源泉。

---

① UNESCO: Our Creative Diversity, Report of the World Commission on Culture and Development, 1995.

② 任仲平：《为强国建设、民族复兴提供坚强思想保证、强大精神力量、有利文化条件——论深入学习贯彻习近平文化思想》，《人民日报》2024年2月6日，第1版。

第二节

美人之美：从现代文明到现代化文明

现代化是发轫于西方的、由科技革命不断促进而发生的工业化和城镇化运动，以及由此发生的经济、政治、文化、社会与生态观念的变迁过程。1854年，美国人发明世界上第一台电梯；1863年，英国人建成世界上第一条地铁；20世纪20年代，美国工业全面进入电气化，挖掘机、电梯、压路机、电车等，开始向全社会普及；1930年，美国家庭汽车普及率超过50%。

从西方国家现代化的发展趋势来说，工业化、城镇化、高等教育的大众化、劳动的专门化和职业化、劳动时间的缩短、家庭的小型化等都是现代化的特点。

“现代化”（modernization）这一概念源于“现代性”（modernity），是西方宗教革命的产物。回顾历史，14世纪，意大利的文艺复兴运动高举人文主义大旗，将人从神权中解放，宗教改革又将人从天主教会的束缚中解放，为早期资本主义萌芽发展、原始财富积累和资产阶级革命奠定基础。通过工业革命、海外殖民、商业扩张以及政治社会变革等，西方现代化步入快车道。

西方国家率先实现了现代化，由此，有很多人便认为，西方的现代文明，代表人类文明的终极形态，其他国家只有效仿和走西方化道路，才能实现现代化和文明进步。在他们看来，过去的古巴比伦文明、古埃及文明等虽曾辉煌，但已走向消亡，而现有文明是未开化或半开化的。

这种将现代化等同于西方化的观点，是一种概念混淆，本质上是“西方中心主义”。事实上，西方国家通过资本的全球扩张，获得在全球经济、政治、文化等领域的主导地位后，利用话语优势将现代化与西方化画等号。第二次世界大战后，美国又对这套理论稍加修改，将世界分为发达国家、发展中国家、欠发达国家的“三六九等”，用发展经济学给发展中国家以追随发达国家的幻想，企图使其放弃推翻不合理的国际政治经济秩序。

1989年，美国政治学者弗朗西斯·福山提出“历史终结论”，将以西方市场经济和民主政治为代表的自由主义民主，作为历史发展方向和最终归宿。近年，美西方国家又开始搭建所谓“民主与专制”二元对立和“新冷战”架构，以进一步巩固“西方中心主义”。

西方现代化的内在逻辑，是一种“分”的逻辑，其本质是以文明的名义实施全球扩张。强世功教授在《全球化的本质》一文中表明，大航海时代的欧洲人将其文明通过传教、商业、暴力等方式向全球范围扩张、推广，取得普遍主义的凌驾性支配地位；冷战后美国全力打造“全球化”的意识形态，希望在全球推广其生活方式，进而利用后冷战单极世界优势，缔造一个由美国主导的“世界帝国”。①

从世界现代化的发展进程看，西方现代化并不适用于所有国家。很多国家将西方的经验视为“范本”，移植照搬，全盘西化，却少能

① 强世功：《文明终结与世界帝国：美国建构的全球法秩序》，三联书店（香港）有限公司2021年版。

真正实现现代化；有些国家则掉入“中等收入陷阱”，经济陷入长期停滞；有些国家则虽走向现代化，如韩国、智利等，却不得不在政治、安全等方面依附他国。

（一）创造“中先生”

今天中国走上现代化道路，取得举世瞩目的成就，离不开对西方的学习和借鉴。但这种借鉴不是简单地否定过去，更不是照搬照抄，以“西化”为代价。中国共产党创造性地将马克思主义基本原理同中国具体实际相结合、同中华优秀传统文化相结合，走出了一条符合自身国情的发展道路。中国式现代化，用“马先生”激活“德先生”“赛先生”，进而创造“中先生”，改变了所谓“有西方现代化即文明，无西方现代化即落后”的思维定式，一定程度上重新定义了现代化。

党的二十大报告集中阐释了中国式现代化的五个重要特征，即人口规模巨大、全体人民共同富裕、物质文明和精神文明相协调、人与自然和谐共生、走和平发展道路，为人类社会的现代化设立了更为全面的标准。

西方由果溯因，将现代化定义为以人与自然关系为主要标志的科技革命引发的工业化、城市化、农业现代化，否定了强调人与人关系的中华文明、人与神关系的印度文明和伊斯兰文明现代化的可能性。

中国式现代化打破了这种倒果为因的叙事，告别西方现代化造成的“单向度的人”，鼓舞了文明古国实现现代化的信心，并以文明复兴扬弃了西方现代化的弊端，提出人的全面发展、人与自然和谐共生、和平发展道路的文明意义。

除了自身走向现代化，中国也希望与世界分享发展经验、对现代化的理解，以及政党在其中的责任。面对一系列世界的“现代化之问”，中国的回答可概括为“五观”。

一是新的发展观，如支持和帮助发展中国家实现工业化和现代化、推动共建“一带一路”高质量发展、培育全球发展新动能、构建全球发展共同体等内容，呼应了2021年提出的全球发展倡议。

二是新的安全观，例如以对话弥合分歧、以合作化解争端，反对霸权主义和强权政治，营造公道正义、共建共享的安全格局等内容，对应了2022年提出的全球安全倡议。

三是新的合作观，共同做大人类社会现代化的“蛋糕”，合作、开放、包容和落实真正的多边主义，而非拉帮结派、排他和“基于规则的国际秩序”。

四是新的生态观，强调“碳中和”、人与自然和谐共生，而非人类中心主义。

五是新的文明观，以文明交流超越文明隔阂，以文明互鉴超越文明冲突，以文明共存超越文明优越，提出全球文明倡议。

中国式现代化道路，打破了西方现代化话语霸权，开创了文明古国走符合自身国情现代化道路的先河，鼓舞了文明古国的现代化信心，还原了世界现代化的多样性，给世界上那些既希望加快发展又希望保持自身独立性的国家和民族提供了全新选择。

（二）全球文明共同体

当今世界风险挑战不断增多，全球不确定性持续上升，给各国的和平与发展带来困难。在世界各国前途命运紧密相连的今天，越是动荡不安，越是处于十字路口之时，越需要强化共识，务实合作。

无论是全球发展共同体、全球安全共同体，还是全球生态共同体、地球生命共同体，都是构建人类命运共同体整体框架下的具体方面，这些都展现了中国一以贯之的“为人类谋进步、为世界谋大同”

的使命担当。

今天，中国提出新的全球文明倡议，以期构建全球文明对话合作网络，打造全球文明伙伴，以全球文明共同体为最终落脚点。

首先，前提条件是尊重世界文明本身的多样性。文明是复数，而非单数；传统文化是滋养，而非羁绊。任何国家的发展和现代化建设，都必须建立在本国国情基础上，而其中最大的国情是文化基础，这是无法改变的DNA。

世界文明本身具有多样性，但近代以来，西方将自身文明定义为“普世”，这对文明多样性而言可谓是一种破坏，今天的世界需要回到真正的多样性。

其次，让文明成为文明，每个国家成为自己。共同体内部应为独立自主的平等关系，若只是依附关系，便不能称之为共同体。例如欧洲各国主权平等，通过自愿的主权让渡行为建立欧洲联盟，但美国主导的联盟体系中缺乏国家间平等，失去了共同体的意义。当然，欧洲共同体也是同质性的共同体，缺乏对土耳其等国家的包容性，对外产生负外部性。今天，广大发展中国家，尤其是文明古国，应找到文明自信，推动本国优秀传统文化在现代化进程中实现创造性转化、创新性发展，而非简单模仿，甚至依附他国。

最后，文明交流互鉴。文明从来不是死的、固定的，而是活的、动态的，不断与时俱进。人类文明史可以说是一部文明交流、互鉴、包容、共存的发展史。中国历史上，从战国时期赵武灵王推行胡服骑射，北魏孝文帝推行改革，唐代佛教禅宗兴盛，到近代以来马克思主义中国化，再到今天中国式现代化，都是在文明互鉴中形成的新的创造。这些文明交流，从来不是关起门来自说自话，不是复古复辟，更不是模板、翻版，而是不断创新，包括技术、制度、社会甚至是文明本身的创新。苟日新，日日新。今天的生态文明、数字文明，与过去传统的农业文明、工业文明有显著差异，是一种新的文明形态。

总之，必须从人类文明新形态的高度去理解全球文明共同体和中国式现代化。全球文明倡议倡导重视文明传承和创新，充分挖掘各国历史文化的时代价值，推动各国优秀传统文化在现代化进程中实现创造性转化、创新性发展。中国式现代化是以人民为中心的现代化，超越了西方人文主义、现代性关怀，实现人民性与人类性的完美统一，既传承历史文化，又融合现代文明。

开展国际人文交流合作，构建全球文明对话合作网络，其目的不仅是展示文明自信、相互尊重欣赏，更是在交流中创造新的文明形态，解决人类面临的各种复杂尖锐的难题，找到应对百年未有之大变局的出路。

（三）中国式现代化的逻辑

党的二十大报告指出，中国式现代化，是中国共产党领导的社会主义现代化，既有各国现代化的共同特征，更有基于自己国情的中国特色。这些特色包括：中国式现代化是人口规模巨大的现代化；中国式现代化是全体人民共同富裕的现代化；中国式现代化是物质文明和精神文明相协调的现代化；中国式现代化是人与自然和谐共生的现代化；中国式现代化是走和平发展道路的现代化。这五方面特色为人类好的现代化立下标杆，彰显中国的三个身份：文明古国、发展中国家、社会主义国家。

从现代化的起点来讲，中国是文明古国，苟日新，日日新，实现了文明的现代转型和振兴，而不是西方从所谓的黑暗中世纪出发进行现代性扬弃，再到现代化概念。对于其他的文明古国来讲，中国能够实现现代化，其文明转型的意义非凡：现代化不是去传统文化，而是实现传统文化的创造性转化和创新性发展。习近平总书记在中国共产党与世界政党高层对话会上的讲话中指出："当今世界不同国家、不同地区各具特色的现代化道路，植根于丰富多样、源远流长的文明传承。人类社会创造的各种文明，都闪烁着璀璨光芒，为各国现代化积蓄了厚重底蕴、赋予了鲜明特质，并跨越时空、超越国界，共同为人类社会现代化进程作出了重要贡献。"[①]从现代化路径来讲，作为最大的发展中国家和社会主义国家，中国实现现代化，从质量、内涵和性质来讲都超越了西方现代化，改写了人类现代化版图和现代化范式。从现代化目标讲，中国要立己达人，推动更多的国家实现现代化，推动世界共同现代化，以人与自然和谐相处的、和平发展的现代化和人的全面发展的现代化，再造现代化的含义，其目标是构建人类命运共同体，创造人类文明新形态。

中国式现代化遵循"四个创造"——"政党创造国家，国家创造市场，市场创造社会，社会创造文明"的中国逻辑：

政党创造国家。中国共产党于1921年成立，团结带领中国人民在历经28年浴血奋战后，于1949年取得了新民主主义革命的胜利，建立了中华人民共和国。这与西方国家的逻辑完全不同。中国共产党领导是中国特色社会主义最本质的特征和中国特色社会主义制度最大的优势。习近平总书记曾指出，党的领导直接关系中国式现代化的根本方向、前途命运、最终成败。可以说，没有中国共产党，就没有中国式现代化。

国家创造市场。通过三线建设和大型基础设施建设创造市场。比如建设高铁，在沿线形成旅游、房地产和其他产业，从而形成产业集群和经济带，带动人民脱贫致富，推动人员、商品、资金、数据等生

① 习近平：《携手同行现代化之路——在中国共产党与世界政党高层对话会上的主旨讲话》，人民出版社2023年版，第7页。

产要素的自由流通，形成国内统一大市场。“双循环”的提出，是统筹中华民族伟大复兴战略全局和世界百年未有之大变局的重大举措。

市场创造社会。发展社会主义市场经济的提出，推动和促进了社会主义民主政治和法制的本土化、时代化和国际化，中国从血缘社会走向法治社会。改革开放后，尤其是加入世界贸易组织以来，中国共产党推动中国从现代化逻辑、机制和理念全方位融入国际社会，从“现代中国”（modern China）再造“全球中国”（global China）。

社会创造文明。生产力的快速发展推动中华文明从农耕文明向工业-信息文明、从内陆文明向海洋文明、从区域文明向全球文明转型，并大踏步迈入数字文明、生态文明新时代，并且创造人类文明新形态：

1. 物质文明：以人民为中心超越“理性人”假说。西方现代化理论以人性本恶为出发点，发展为个人主义、理性人假说，在私人资本利润最大化引诱下出现物质主义膨胀。中国式现代化推崇人民为中心理念，强调人的全面发展，以中华民族伟大复兴超越个人主义、私有产权的狭隘。土地是支撑高质量发展、实现中国式现代化的重要保障。在这一逻辑下，中国不仅能建立全国基础设施网络，且在改革开放后通过土地财政进行招商引资，同时推进工业化和城镇化进程。

2. 政治文明：以大一统超越“政府-市场”二分法。大一统、中国共产党的领导和举国体制促使我国快速实现现代化。在“一穷二白”的基础上实现现代化，政府必须创造市场，而非任凭市场规范国家，致使贫富差距的加剧和产业空心化。这也是“一带一路”受欢迎的原因：不是让小孩直接到大海（市场）里游泳，而是先修游泳池（经济特区、产业园区）训练孩子游泳，最终让孩子到大海里畅游。这是后发国家实现现代化的普遍路径。换言之，中国式现代化扬弃了西方“高标准、一刀切、排他性”模式，强调统筹政府与市场“两只手”、统筹发展与安全、统筹自主与开放。

3. 精神文明：以“天人合一”超越“神人契约”。中国共产党将传统中华文化的“天人合一”思想上升到党与人民合一，“江山就是人民，人民就是江山”，超越了人神观基础上的近代政治文明。天与神孰重孰轻？西方的逻辑是神创造天，中国的逻辑是天下有神，神是天道在地上的折射，这是中西方信仰本质区别。正如《礼记·孔子闲居》所言：“天无私覆，地无私载，日月无私照。奉斯三者以劳天下，此之谓三无私。”中国式现代化是全体中国人民的现代化。斯里兰卡出土的《郑和布施碑》上写道：“天之所覆，地之所载，日月照临，霜露所濡之处，人民老幼，皆欲遂其生业。”郑和将明成祖敕书“强不凌弱，众不暴寡，天下共享太平之福”传至亚非，从未殖民一寸土地，成为今天共建“一带一路”、实现共同现代化的宝贵精神财富。

4. 社会文明：以物质文明、精神文明相统一超越“公域–私域”二分法。中国式现代化的目标是实现中华民族伟大复兴，而非造就利益集团、服务中产阶级。近年来，全球化造成西方利益分化，西方中产阶级缩水。中产阶级的没落和价值观的分裂加剧，导致社会动荡不安。中国式现代化是实现人的全面发展、全体人民共同富裕的现代化，这种共同富裕也包括精神生活共同富裕。

5. 生态文明：以人与自然和谐共生，超越西方工业文明逻辑和理性人假说。“生态文明建设代表工业革命以来发展范式全面而深刻的转变，是实现可持续发展的根本途径，因此也就成为构建人类命运共同体的根本途径。”“如果说工业革命是西方工业化国家对人类做出的重大贡献，那么生态文明的提出及其实践探索，则是中国在自身五千多年深厚文化基础上吸纳工业文明的优点，为人类发展可能作出的重大贡献。”[①]

总之，中国式现代化摒弃了西方以资本为中心的现代化、两极分化的现代化、物质主义膨胀的现代化、对外扩张掠夺的现代化的老路，打破了“现代化等于西方化”的迷思，拓展了发展中国家走向现代化的途径，为人类对更好社会制度的探索提供了中国方案。

一句话，中国式现代化为中华民族伟大复兴提供物质基础、制度保障和精神动力，超越西方现代化小逻辑，回归中华文明大逻辑。

中国创造的人类文明新形态，从世界文明形态看是东方文明、中华文明的新形态；从现代化形态看是社会主义现代化文明的新形态；从文化形态看是中国特色社会主义文化的新形态；从人的形态看是实现人的全面发展的新形态。这一人类文明新形态已经取得了很大进展，在全面建设社会主义现代化国家新征程中必将日臻巩固成熟。

从人类文明形态看，中国式现代化不仅开启了文明古国复兴的光明前景——现代化不意味着破坏传统，其对传统文化的创造性转化和创新性发展，而且开启了“全球南方”国家自主现代化的先河。世界上八成以上的人民生活在发展中国家。中国式现代化纠偏以资本为中心的现代化模式，倡导以人民为中心的现代化文明新形态，其中应有之义就是推动构建人类命运共同体。

新时代，中国强调“两个结合”，即马克思主义基本原理同中国具体实际相结合、同中华优秀传统文化相结合，既借鉴人类文明中的优秀成果，又在中国历史文化和中国国情下产生真正意义上的理论超越，打破了西方国家话语霸权和线性进化论的桎梏，打破了人们对于西方模式的盲目崇拜和路径依赖。中国式现代化从起点、范式、目

---

① 张永生：《生态文明是构建人类命运共同体的根本途径》，《当代中国与世界》2021年第3期，第8—9页。

标、理念等各个方面打破了西方现代化的话语霸权，鼓励发展中国家走符合自身国情的现代化道路，也为构建现代化的自主知识体系和中华民族共同体，提供了丰富的理论与实践滋养。

第三节

美美与共：东学西渐、西学东渐、东西互鉴

历史上，东学西渐、西学东渐，成就人类文明交流互鉴佳话。从中国的科举制到欧洲的文官制度，从18世纪欧洲“中国热”到近代中国的“欧风美雨”，不一而足。

总的来看，从历史中走来的中欧人文交流有三个特点：

第一，互补性。中国农耕文明（如代表性的“四大发明”）反哺欧洲的封建社会与启蒙运动，成就欧洲现代文明。近代欧洲工商文明轰开中国大门，客观上将中国纳入人类现代化进程。1964年，中法建交，引领中西关系正常化，开启了中国积极主动学习借鉴欧洲先进技术的过程，如法国民用核能[①]、航空航天、高铁等，成就中国式现代化。

第二，非对等性。中法所代表的东西文明相互欣赏，相互取长补短，形成多层面的人文交流。主动也好，被动也罢，总体多元，但存

---

① 1989年，为培养核电运行和管理人才，大亚湾核电站派出110多名工程师前往法国学习。这些人平均每人培训费约130万法郎，按当时的金价计算，可以购买50千克黄金，接近一个人的体重，所以被称为“黄金人”。

在非对等性、非对称性。

第三，实用性。某种程度上可以说，当时的中国承载了欧洲的“东方想象”，而彼时的欧洲也承载着中国的“西方想象”。从需要出发，缺啥补啥，对对方的一种想象，正如托克维尔评伏尔泰对中国的痴迷所说的，“塑造了各自形象”。18世纪欧洲流行的“中国热”，并非对中国文化深入、全面了解的产物，而更多是“借中喻今”，“借中复古”，中国文化只是一个媒介和催化剂。针对启蒙运动领袖对中国文化的吹捧，法国学者托克维尔就毫不客气地指出：

> 他们在四周找不到任何与这种思想相符的东西，便到亚洲的深处去寻找。我毫不夸张地说，没有一个人在他们著作的某一部分中，不对中国倍加赞扬。只要读他们的书，就一定会看到对中国的赞美；由于对中国还不了解，他们对我们讲的尽是些无稽之谈。被一小撮欧洲人任意摆布的那个虚弱野蛮的政府，在他们看来是可供世界各国仿效的最完美的典范。他们心目中的中国政府好比是后来全体法国人心目中的英国和美国。在中国，专制君主不持偏见，一年一度举行亲耕礼，以奖掖有用之术；一切官职均经科举获取；只把哲学作为宗教，把文人奉为贵族。看到这样的国家，他们叹为观止，心驰神往。①

新时代，中法文明进入同质性竞争性交流互鉴，又迎来数字和生态文明新时代，中法文明对话有何新意义呢？

中欧人文交流跟以前有三个不同：

---

① ［法］托克维尔著，冯棠译：《旧制度与大革命》，商务印书馆1996年版，第198页。

第一，超越东西、体用之分，明体达用，体用贯通，从相互成就到共同成就。中法（欧）新能源与数字化的竞争合作，助力欧盟数字主权与战略自主，也推动数字多极世界，反对数字帝国主义。

第二，不仅是平等的对话交流，到今天更是充满物理反应、化学反应的对话。2024年5月，笔者赴巴黎参加中法高级别人文对话会。法国博瓦勒动物园园长鲁道夫·德洛尔提到，熊猫是中法友谊的纽带与见证。他的一句“熊猫在中国，却是被法国人发现的”，令笔者深受启发。什么叫“发现”？就是用生物学上的分类进行命名，从科学层面“发现”熊猫。从这个意义上讲，熊猫是中法共同“作品”。现代奥运会起源于法国，顾拜旦是创始人，但是中国先后举办夏季、冬季奥运会，北京是世界上唯一的一个“双奥之城”。在北京奥林匹克宣言广场展示由国际奥委会授权的“《奥林匹克宣言》——美丽的奥林匹克文化长卷Ⅳ”全球首发。可以说奥运会是中国的，是法国的，也是世界的。

第三，中法文明对话从以自我为中心思考，到欣赏对方，已经到了中法共同探讨、成就世界的新阶段。昔欧洲有文艺复兴、启蒙运动——把上帝的给了上帝，恺撒的给了恺撒——到今天能不能把机器的给机器，让人成为人？到底是人在定义机器，还是机器在定义人？能否开启人类新的文艺复兴和世界新的启蒙运动，共同成就世界的美好未来？

放眼全球，只要中欧互利合作，阵营对抗就搞不起来。只要中欧开放共赢，“逆全球化”就不会得势。这亦深刻阐明了面对变乱交织的世界，中欧关系具有日益突出的战略意义。

欧洲人常说：当今世界唯一的确定性就是不确定性。不确定性从何而来？近代以来，我们常说这来自器物文明、制度文明、精神文明。现在中国和西方在器物、制度和精神文明三大领域都面临着全新的挑战。例如，在电动汽车领域，他们质疑我们的补贴政策以及举国体制；在数据安全方面，他们质疑个人隐私保护的问题，甚至上升到了文化、文明层面。这是中西方关系不确定性的一个周期原因。与此同时，世界本身的不确定性也需要中西方共同应对，比如人工智能、区块链去中心化等技术变革。这是从两个维度上思考如何规避西方从器物文明、制度文明到精神文明的所谓“竞争”，以及如何应对其对人类生产、生活、思维方式的威胁。

2023年底，习近平主席在会见欧盟领导人时，针对中欧建立全面战略伙伴关系20周年指出，中欧关系具有战略意义和世界影响，关乎世界和平、稳定、繁荣。中方提出“三个不能”：不能因为制度不同就视彼此为对手，不能因为出现竞争就减少合作，不能因为存在分歧就进行对抗。习近平主席还特别提出三大伙伴关系：经贸合作的关键伙伴、科技合作的优先伙伴、产业链供应链合作的可信伙伴。[①]

中欧应该相互支持、加强发展中国式现代化与欧洲一体化，包括推进“一带一路”同欧盟“全球门户”计划对接。中欧作为世界两大力量、两大市场、两大文明，对创造人类文明新形态、数字文明和生态文明具有重要意义。对于中国而言，欧盟是所有大国、大经济体中最受重视的伙伴之一。因为中国的未来现代化愿景，包括低碳生活、绿色经济等方面，既受到欧洲人的启发，也与欧洲作为重要合作伙伴对未来世界的设想相契合。这是自改革开放以来未曾改变的事实。

中欧关系需要开拓新的合作领域，同时避免在某些旧领域陷入竞争，要呼吁“从后天看明天”。所谓“后天”，是指人类社会必须超越地缘政治博弈、大国对抗，并着眼于人类的未来。而“明天”则意

---

① 郑明达：《习近平会见欧洲理事会主席米歇尔和欧盟委员会主席冯德莱恩》，《人民日报》2023年12月8日，第1版。

味着直接对我们的生产、生活和思维方式构成挑战的未来。比如，AI发展拷问：人是碳基生命到硅基生命的过渡吗？人类与地球母亲如何和合共生？中欧应合作开启人类文艺复兴。

这就是数字文明、生态文明新时代中欧文明对话的新意义，亦深刻阐明了人类文明转型时代的美美与共逻辑：东学西渐、西学东渐、东西互鉴，直至无问东西，胸怀南北，贯通古今，构建人类命运共同体。

第二章

近代中国的探索：从“现代化中国”到“中国式现代化”

实现现代化是近代以来中国人民矢志奋斗的梦想。中国共产党100多年团结带领中国人民追求民族复兴的历史，也是一部不断探索现代化道路的历史。经过数代人不懈努力，我们走出了中国式现代化道路。

党的二十大擘画了以中国式现代化全面推进中华民族伟大复兴的宏伟蓝图，明确了全面建成社会主义现代化强国“两步走”的战略安排：从2020年到2035年基本实现社会主义现代化；从2035年到本世纪中叶把我国建成富强民主文明和谐美丽的社会主义现代化强国。

如何以中国式现代化实现中华民族伟大复兴？坚持和平发展的中国式现代化如何实现中华民族伟大复兴？现代化成就中国，中国也成就现代化。

第一节

现代化来到中国：“德先生”和“赛先生”

现代化成就中国，中国也成就现代化。中国与现代化结缘，经历了四个阶段的飞跃。

阶段一：现代化来到中国（近代：“德先生”和“赛先生”来了）。

> 一九一一年的革命，即辛亥革命，到今年，不过四十五年，中国的面目完全变了。再过四十五年，就是二千零一年，也就是进到二十一世纪的时候，中国的面目更要大变。中国将变为一个强大的社会主义工业国。中国应当这样……中国应当对于人类有较大的贡献。而这种贡献，在过去一个长时期内，则是太少了。这使我们感到惭愧。
>
> ——毛泽东：《纪念孙中山先生》，《人民日报》1956年11月12日

近代以来，从“传统中国”（traditional China）向“现代中国”（modern China）的转变过程，充满了艰辛曲折。中国的现代化经历了

“效法欧美”“走俄国人的路”的转变，最终又回到走中国特色社会主义的道路。其间，充满了“中西-体用”的迷思和以西方为参照系的迷茫，甚至笃信“落后就要挨打”，发出“被开除球籍”的感慨。

早在100多年前，孙中山先生就苦苦思索如何“振兴中华”。他在《建国方略》中绘就了中国现代化的美好蓝图：筑铁路、铺公路、建大港……当时有人认为，这些设想完全是一种空想，是天方夜谭。1929年，上海《生活周刊》刊登了一篇题为《十问未来之中国》的文章。其中有：“吾国何时可稻产自丰、谷产自足，不忧饥馑？”“吾国何时可行义务之初级教育、兴十万之中级学堂、育百万之高级学子？”“吾国何时可参与寰宇诸强国之角逐？”……十问椎心泣血，饱含着当年国人的苦难与屈辱、希冀与梦想。[①]1933年，《申报月刊》发起了关于中国现代化问题的讨论。然而，“三座大山”（指帝国主义、封建主义和官僚资本主义）使中国实现现代化可望而不可即。无论是洋务运动、戊戌变法还是辛亥革命，无论是器物层面的现代化还是制度和文化层面的现代化，这些努力和尝试都归于失败，缺乏“四个自信”让国人的现代化探索悲喜交加。

1945年4月24日，毛泽东在中共七大发表题为《论联合政府》的政治报告，明确提出：“在一个半殖民地的、半封建的、分裂的中国里，要想发展工业，建设国防，福利人民，求得国家的富强，多少年来多少人做过这种梦，但是一概幻灭了。”[②]“中国工人阶级的任务，不但是为着建立新民主主义的国家而斗争，而且是为着中国的工业化

① 任仲平：《百年辉煌，砥砺初心向复兴——写在中国共产党成立100周年之际》，《人民日报》2021年6月28日，第4版。

② 《毛泽东选集》第3卷，人民出版社1991年版，第1080页。

和农业近代化而斗争。”①

历史证明了这一判断。再造现代中国、实现现代化目标的历史性任务落在了中国共产党人身上。创立新型政党，建立新中国，才能奠定实现现代化的制度基础。

马克思主义来到中国，让中国人走出了“德先生”和“赛先生”的迷信，看到现代化的曙光，憧憬现代化的未来，充满现代化的激情。新民主主义革命时期，我们党团结带领人民，浴血奋战、百折不挠，经过北伐战争、土地革命战争、抗日战争、解放战争，推翻帝国主义、封建主义、官僚资本主义三座大山，建立了人民当家作主的中华人民共和国，实现了民族独立、人民解放，为实现现代化创造了根本社会条件。

---

① 《毛泽东选集》第3卷，人民出版社1991年版，第1081页。

第二节

中国探索现代化："马先生"

阶段二：中国追求现代化（中华人民共和国成立后："四个现代化"）。

中华人民共和国成立之初，经济基础相当薄弱，是当时世界上最贫穷的国家之一。毛泽东同志把这种状况形象地称之为"一穷二白"。"穷"是指我们现代化的工业很少，绝大部分是农业和手工业，这部分和中国古代社会几乎没有多大区别。"白"就是如同一张白纸，文化和科学水平都不高。即使到了1954年，国民经济已经全面恢复，毛泽东同志仍然感慨道："现在我们能造什么？能造桌子椅子，能造茶碗茶壶，能种粮食，还能磨成面粉，还能造纸，但是，一辆汽车、一架飞机、一辆坦克、一辆拖拉机都不能造。"①

此外，我们的外部环境也不友好，20世纪50年代，以美国为首的西方资本主义国家全面采取封锁禁运的政策，单方面对中国实施制裁，用尽一切手段让中国的日子不好过。国外先进现代化国家，中国只能向苏联学习，并寻求苏联等社会主义国家的援助。中国的现代化道路就在此基础上艰难起步。

---

① 《毛泽东文集》第6卷，人民出版社1999年版，第329页。

中华人民共和国成立后，我们党团结带领人民进行社会主义革命，消灭了在中国延续几千年的封建制度，确立了社会主义基本制度，实现了中华民族有史以来最为广泛而深刻的社会变革，充分发挥社会主义集中力量办大事的优越性，建立了比较完整的工业体系和国民经济体系，社会主义革命和建设取得了独创性理论成果和巨大成就，为现代化建设奠定根本政治前提和宝贵经验、理论准备、物质基础。

1954年，周恩来同志在《政府工作报告》中第一次明确提出我们要建设的现代化是“强大的现代化的工业、现代化的农业、现代化的交通运输业和现代化的国防”①。同年，毛泽东同志在第一届全国人民代表大会第一次会议上致开幕词时强调：“准备在几个五年计划之内，将我们现在这样一个经济上文化上落后的国家，建设成为一个工业化的具有高度现代文化程度的伟大的国家。”②当时的中国现代化主要体现为工业化，向苏联学习并反思苏联现代化弊端，以期寻找符合中国国情的现代化道路。毛泽东同志指出：“我们必须准备进行同过去时代的斗争形式有着许多不同特点的伟大的斗争。为了这个事业，我们必须把马克思列宁主义的普遍真理同中国社会主义建设的具体实际，并且同今后世界革命的具体实际，尽可能好一些地结合起来，从实践中一步一步地认识斗争的客观规律。”③1956年，毛泽东作《论十大关系》的讲话，进一步阐述了十大关系，代表了中国共产党人对中国现代化探索的重大理论思考。十大关系包括：（一）重工业和轻工业、农业的关系；（二）沿海工业和内地工业的关系；（三）

---

① 《周恩来选集》下卷，人民出版社1984年版，第132页。

② 《毛泽东文集》第6卷，人民出版社1999年版，第350页。

③ 《毛泽东文集》第8卷，人民出版社1999年版，第302页。

经济建设和国防建设的关系；（四）国家、生产单位和生产者个人的关系；（五）中央和地方的关系；（六）汉族和少数民族的关系；（七）党和非党的关系；（八）革命和反革命的关系；（九）是非关系；（十）中国和外国的关系。

中国现代化逐渐体现为农业、工业、国防和科学技术的现代化，开始实现“两步走”战略设想。“两步走”战略：第一步，建立一个独立的比较完整的工业体系和国民经济体系；第二步，全面实现农业、工业、国防和科学技术的现代化，使中国经济走在世界的前列。

在所需时间上，毛泽东同志最初设想，用三个五年计划，即15年左右的时间打下基础，然后用七个五年计划，也就是到2000年，把我国建设成伟大的社会主义现代化强国。然而，因过于相信社会主义制度优越性，急于“赶英超美”，犯了“大跃进”的错误。经过“大跃进”的挫折和“三年困难时期”，他对这一问题的考虑变得更加符合实际。1962年，毛泽东同志在《在扩大的中央工作会议上的讲话》中指出：“建设强大的社会主义经济，在中国，五十年不行，会要一百年，或者更多的时间。”[①]“中国的人口多、底子薄，经济落后，要使生产力很大地发展起来，要赶上和超过世界上最先进的资本主义国家，没有一百多年的时间，我看是不行的。”[②]

---

① 《毛泽东文集》第8卷，人民出版社1999年版，第301页。

② 《毛泽东文集》第8卷，人民出版社1999年版，第302页。

第三节

现代化在中国：“中先生”

阶段三：中国式的现代化（改革开放：社会主义初级阶段）。

党的十一届三中全会前后，邓小平同志出访考察日本、美国、新加坡等国，深刻感受到我国与发达国家的差距，可谓再次睁眼看世界。邓小平同志反复强调现代化关乎国家和民族的前途命运，结合社会主义初级阶段的国情，首次提出“中国式的现代化”[①]，实事求是地追求符合中国实际的现代化。他指出：“我们的现代化建设，必须从中国的实际出发”[②]；“适合中国情况，走出一条中国式的现代化道路”[③]。他将“中国式的四个现代化”概括为“小康之家”，并用“小康”来诠释“中国式的现代化”。他提出社会主义现代化建设“三步走”发展战略：第一步，从1981年到1990年国民生产总值翻一番，解决人民的温饱问题；第二步，从1991年到20世纪末国民生产总值再翻一番，人民生活达到小康水平；第三步，到21世纪中叶，人均国民生产总值达到中等发达国家水平，人民生活比较富裕，基本

① 《邓小平文选》第3卷，人民出版社1993年版，第29页。

② 《邓小平文选》第3卷，人民出版社1993年版，第2页。

③ 《邓小平文选》第2卷，人民出版社1994年版，第163页。

实现现代化。

改革开放和社会主义建设新时期，我们党作出把党和国家工作中心转移到经济建设上来、实行改革开放的历史性决策，大力推进实践基础上的理论创新、制度创新、文化创新以及其他各方面创新，实行社会主义市场经济体制，实现了从生产力相对落后的状况到经济总量跃居世界第二的历史性突破，实现了人民生活从温饱不足到总体小康、奔向全面小康的历史性跨越，为中国式现代化提供了充满新的活力的体制保证和快速发展的物质条件。

历史证明，改革开放是决定当代中国命运的关键一招，也是决定中国式现代化成败的关键一招。进入新时代，中国共产党人大踏步地自觉推进中国式现代化进程。党的二十大报告开篇就提出，十年来，我们经历了对党和人民事业具有重大现实意义和深远历史意义的三件大事：一是迎来中国共产党成立100周年，二是中国特色社会主义进入新时代，三是完成脱贫攻坚、全面建成小康社会的历史任务，实现第一个百年奋斗目标。从这三件大事可以深刻理解把握中国式现代化的丰富内涵。

阶段四：中国式现代化（新时代：人类文明新形态）。

中国改革开放迎来大踏步发展，现代化事业日新月异，经济总量稳步超越西方发达国家，仅次于美国，成为世界第一制造业大国，建立起全产业链，成为“世界工厂”，中国特色社会主义市场经济体制机制也日益完善。

尤其是，党的十八大以来，我们成功推进和拓展了中国式现代化。我们在认识上不断深化，创立了习近平新时代中国特色社会主义思想，实现了马克思主义中国化时代化新的飞跃，为中国式现代化提供了根本遵循。我们进一步深化对中国式现代化的内涵和本质的认识，概括形成中国式现代化的中国特色、本质要求和重大原则，初步构建中国式现代化的理论体系，使中国式现代化更加清晰、更加科学、更加可感可行。我们党在战略上不断完善，明确“五位一体”总体布局和“四个全面”战略布局，深入实施科教兴国战略、人才强国战略、乡村振兴战略等一系列重大战略，为中国式现代化提供坚实战略支撑。我们党在实践上不断丰富，推进一系列变革性实践、实现一系列突破性进展、取得一系列标志性成果，推动党和国家事业取得历史性成就、发生历史性变革，特别是消除了绝对贫困问题，全面建成小康社会，为中国式现代化提供了更为完善的制度保证、更为坚实的物质基础、更为主动的精神力量。

进入新时代，习近平总书记提出要实现中华民族伟大复兴中国梦的奋斗目标；提出坚持把马克思主义基本原理同中国具体实际相结合、同中华优秀传统文化相结合，不再以西方现代化为蓝本，不再一味强调“中国特色”，而是着眼于人类现代化一般发展规律和共性；提出“第五个现代化”，即推进国家治理体系和治理能力现代化；提出“一带一路”倡议，倡导以中国式现代化实现中华民族伟大复兴，构建人类命运共同体。这就从根本上超越了大国崛起的西方叙事，“四个自信”充分转化为现代化的中国自信与中国自觉。这一方面是因为看清西方现代化暴露的问题和底层逻辑，另一方面也是向世界回应分享中国式现代化经验的期盼，回答世界之变、时代之变、历史之变。因此，超越“中国特色”或“中国模式”的提法，代之以兼顾共性与个性的提法——“中国式现代化”，强调不输出也未输入现代化模式，鼓励各国走符合自身国情的现代化道路，成为自己，实现命运自主，命运与共，共同构建人类命运共同体。

中国式现代化以人类现代化事业为关怀，超越了“现代化成就中国”的阶段，进入“中国成就现代化”的新时代。在中国式现代化确立的人类好的现代化标准基础上，中国发起“一带一路”倡议，推进世界共同现代化。“一带一路”倡议提出以来，中国已同150多个国家和30多个国际组织签署合作文件，给当地带来实实在在的利益和繁荣。“一带一路”是中国打造的共同发展合作平台，是实现“世界版共同富裕”的生动实践和构建人类命运共同体的最受欢迎的公共产品。

第三章

中国式现代化如何实现中华民族伟大复兴？

从现在起，中国共产党的中心任务就是团结带领全国各族人民全面建成社会主义现代化强国、实现第二个百年奋斗目标，以中国式现代化全面推进中华民族伟大复兴。

中国式现代化从器物、制度、精神文明三个维度推动实现中华民族伟大复兴。

第一节

物质基础：从解放生产力到引领新质生产力

中国式现代化解放了生产力，奠定了中华民族伟大复兴的物质基础。

中国在“一穷二白”基础上实现现代化，创造了人类现代化奇迹，重点体现在创造了人类最大规模、最快速工业化奇迹，创造了人类数字化转型的奇迹，并以新发展理念实现高质量发展。

其具体路径就是党的二十大报告提出的建设13个“强国”：教育强国、科技强国、人才强国、文化强国、体育强国、制造强国、质量强国、航天强国、交通强国、网络强国、农业强国、海洋强国、贸易强国。

习近平总书记在党的二十大报告中指出，实践告诉我们，中国共产党为什么能，中国特色社会主义为什么好，归根到底是马克思主义行，是中国化时代化的马克思主义行。[①]党的十九届六中全会通过的

---

① 习近平：《高举中国特色社会主义伟大旗帜　为全面建设社会主义现代化国家而团结奋斗——在中国共产党第二十次全国代表大会上的报告》，人民出版社2022年版，第16页。

《中共中央关于党的百年奋斗重大成就和历史经验的决议》（简称《决议》）深刻指出，坚持和发展马克思主义，需要“两个结合”：坚持把马克思主义基本原理同中国具体实际相结合、同中华优秀传统文化相结合。

过去我们为什么能够成功？源于中国共产党人将马克思主义基本原理与中国具体实际结合，成功推进和拓展了中国式现代化。未来我们怎样才能继续成功？靠坚持把马克思主义基本原理同中国具体实际相结合、同中华优秀传统文化相结合，创立人类文明新形态。

中国的成功，从国内讲是创造了世所罕见的经济快速发展奇迹和社会长期稳定奇迹，从全球讲就是开创工业化、数字化的奇迹。

一、从工业化奇迹到数字化奇迹：中国密码

在农业经济时代，汇聚资源的要素主要是土地，创造价值的要素主要是劳动力；在工业经济时代，汇聚资源的要素主要是资本，创造价值主要靠的是制造技术；在数字经济时代，数据成为汇聚资源的新要素，数字技术与土地、劳动力、资本等传统要素相结合，构建形成基于数据和应用场景驱动的数字经济发展新范式。

数字技术与实体经济融合发展，能够形成叠加效应、聚合效应、倍增效应，激扬发展新动能、新活力。在中共中央政治局第三十四次集体学习时，习近平总书记强调：“发展数字经济是把握新一轮科技革命和产业变革新机遇的战略选择”，“促进数字技术与实体经济深度融合，赋能传统产业转型升级，催生新产业新业态新模式，不断做

强做优做大我国数字经济”。[①]

互联网诞生于1969年，中国是自1994年正式接入国际互联网，根据《世界互联网发展报告2021》，当前中国的“互联网发展水平仅次于美国”[②]。中美两国也是数字经济时代的核心生产力——计算力指数全球排名中的两大“领头羊”国家。中国共产党领导的中国学习、借鉴又超越了西方文明成就，经过短短70多年就实现从最大的农业国向工业国的伟大跨越，创造了10亿级人口的工业文明，建成了世界上门类最齐全的工业体系，成为世界最大的制造业国家，并正在变成最大的数字化国家。这一转型的密码是什么?

《决议》将一百年来党领导人民进行伟大奋斗积累的宝贵历史经验概括为“十个坚持”：坚持党的领导，坚持人民至上，坚持理论创新，坚持独立自主，坚持中国道路，坚持胸怀天下，坚持开拓创新，坚持敢于斗争，坚持统一战线，坚持自我革命。下文就以坚持党的领导、坚持人民至上、坚持独立自主为例，看中国开创数字化奇迹的密码：

第一是坚持党的领导。中国共产党把中国人民组织起来，近代以来实现真正的大一统。现代国家能力的基础是大一统，其核心在于能否形成一套中立、超然、强大的组织体系。这套组织体系能够通过自上而下的全国性组织和动员能力，制定统一标准，建立统一市场，并协调个体利益，维持秩序稳定。大一统体现了现代国家中央集权制和

① 《习近平在中共中央政治局第三十四次集体学习时强调　把握数字经济发展趋势和规律　推动我国数字经济健康发展》，《人民日报》2021年10月20日，第1版。

② 中国网络空间研究院编著：《世界互联网发展报告2021》，电子工业出版社2021年版，第38页。

联邦制数字信息产业的本质：统一市场和统一标准。[①]大一统最终成就社会主义制度优势、新型举国体制优势、超大规模市场优势，成就中国数字奇迹。这是印度无法取代中国“世界工厂”地位、美国“印太战略”不见成效的根本原因。

第二是坚持人民至上。中国共产党人是唯物主义者，中国人民信任政府，这在极大程度上有利于数字技术的广泛使用，比如采取扫健康码的做法，符合“使用而不占有”的数字规律，政府与企业共同掌握大数据。中国共产党对人民负责，数据能无限使用和迭代创新。《决议》指出，党的最大政治优势是密切联系群众，党执政后的最大危险是脱离群众。[②]党代表中国最广大人民根本利益，没有任何自己特殊的利益，从来不代表任何利益集团、任何权势团体、任何特权阶层的利益，这是党立于不败之地的根本所在。而美国许多人相信神，认为只有神才能决定生死，不相信政府，认为政府在将个人的隐私权剥离。其次是人种多元，即使是最有效的人脸识别系统，黑人的错误识别率也比白人高5至10倍。如果推行人脸识别技术，人工智能会造成“政治不正确”。在美国犯罪率比较高的是黑人，匹配起来就容易把黑人识别为犯罪嫌疑人，这会造成种族歧视，因此不能大规模推行人脸识别。

第三是坚持独立自主。站起来——独立自主，是富起来、强起来的前提。作为数字时代的新型生产要素，数据是数字化、网络化、智能化的基础，是人工智能算法、经济实力和国家力量不可或缺的资

---

① 雷少华：《超越地缘政治——产业政策与大国竞争》，《世界经济与政治》2019年第5期，第131—154页。

② 《中共中央关于党的百年奋斗重大成就和历史经验的决议》，人民出版社2021年版，第66页。

源。欧洲人长期嘲笑中国不能用谷歌、脸书等，现在感慨被美国公司殖民了。没有自己的谷歌和搜索引擎，谈何数据和人工智能？甚至连美国人也感慨中国独立自主推动形成后发优势：通过将中国数据与世界隔离开来，对全球数据跨境流动施加新的域外权力，并将在华经营的外国公司置于法律约束之下。

中国开创工业化、数字化奇迹是“并联式”发展。中国人具有辩证思维，“穷则变，变则通，通则久”，推行产业数字化、数字产业化，不仅在工业化和数字化方面快速追赶，而且实现跨越式发展。

二、从数字化奇迹到数字革命：从应用到创新

近代以来，工业革命都是在西方内部循环：从英国开始，到欧洲各国，再加上亚洲的韩国和日本，几乎所有的工业化国家都被美国“收编”。如今中国打破了这一循环，不仅成为工业革命与全球化的赢家（建立独立完整的工业体系，制造业增加值占全球比重近三成），并开始在工业4.0时代从“跟跑”转变为“领跑”。这也是美欧组建“跨大西洋贸易和技术理事会”、发起“印太战略”为打压中国高科技发展的背景。

数字化奇迹是应用层面的，数字革命则兼顾应用、创新、规则各方面。新型举国体制、在开放下的自主创新，这些成就了数字革命，可以用“4V”概括：

Volume（规模）：特大规模——中国有14亿多人口，4亿以上中等收入群体，10亿多网民，1亿多市场主体和1.7亿多受过高等教育或拥有各类专业技能的人才。

Variety（多样）：特长历史——中国是个“比历史还悠久的国度”（戴高乐语），以及多元一体的中华民族共同体。“中国也是一个‘联

合国'"[①]（毛泽东语），为数字化运用提供超大场景。

Value（价值）：特世俗社会——中国儒道释并存，不为隐私权羁绊，以集体理性超越个体理性。

Velocity（速度）：特殊崛起——中国从全球化浓缩版（中华人民共和国成立以来70多年经历人类农业革命、工业革命、信息革命、数字革命、政治革命、社会革命的各个阶段）到全球化未来版，参与并引领了工业革命4.0和经济全球化。

互联网核心技术是我们最大的"命门"，核心技术受制于人是我们最大的隐患。实现由大到强，是新时代数字化发展的使命。

三、从数字化奇迹、数字革命到数字文明："两个结合"的时代含义

疫情暴发后，全球化全面向数字化、网络化、智能化转型。数字经济升级为数字文明。2021年世界互联网大会的主题为"迈向数字文明新时代——携手构建网络空间命运共同体"，这也标志着中国超越信息革命、工业4.0的认知水平。

数字文明是一种基于大数据、云计算、人工智能、物联网、区块链等新一代的智能信息通信技术，以高科技为主要特征的文明形态，核心是大数据的创新和应用，包括数据挖掘、数据互认、数据治理等，形成数字化、网络化、智能化的发展逻辑，在更高层面上促进"物质资料生产不断发展、精神生活不断丰富"。[②]

---

① 《毛泽东文集》第8卷，人民出版社1999年版，第405页。

② 《中国电信柯瑞文：把握数字化新机遇　迈向数字文明新时代》，新华网，2021年9月26日。

鸦片战争的惨痛教训表明，农业文明无法匹敌工业文明，在工业文明向数字文明转型过程中，中国人抓住历史性机遇，铆足了劲儿要实现中华民族伟大复兴的中国梦。中国是文明型国家而非民族国家，伟大复兴的应有之义是开创人类文明新形态，而非重复过去西方列强的权力转移游戏。从数字化奇迹、数字革命到数字文明，这是新时代倡导马克思主义普遍原理与中国具体实际相结合、与中华优秀传统文化相结合，开创人类文明新形态的应有之义。

数字文明的核心是数据、算法、算力。中国开创数字文明新形态，关键是实现“三个应因”:

应因资本，就是既充分利用资本，又防止资本无限扩张，强调以人为本，也就是说资本服务于人——所有人，而非少数人，更不是人服务于资本。资本投资数据，数据服务于全体人民，得到最广泛使用，越用越值钱。

应因技术，就是充分利用技术又不受制于技术，让技术为我所用，实现本土化，尤其是人工智能一定是让人成为人、机器成为机器，而非相反。中国共产党坚持以人民为中心的理念，强调“网以载道”，要规范互联网发展。

应因神，就是敬鬼神而远之，强调“万教归一”。推动构建人类命运共同体，践行全人类共同价值。多数中国人信天道而非单一的神，认为天底下有诸神，主张天人合一。绕开西方的人和神的博弈，人本主义、家国情怀超越了西方民主来自城邦国家的空间的、分的逻辑。

为什么中国量子通信技术领先全球？主要是因为中国足够强大，强调独立自主，两条技术路线“九章”和“祖冲之”均领先，在多个不同物理体系中均实现了“量子优越性”。[①]两条技术路线同时上，无论哪种成功，我们都一定能领先世界。谁也离不开中国市场，这就是西方对中国“爱恨交加”的重要原因。中国在工业文明领域取得成功，在数字文明领域继续成功，不是让西方人无路可走，而是让人类告别零和博弈，形成引领时代潮流和人类前进方向的鲜明旗帜，这就是人类命运共同体。

将“三个应因”转化为治理主张和治理效能，由内而外的表现是实现互联网治理体系和治理能力现代化，倡导“网以载道”，发起《全球数据安全倡议》，加入《数字经济伙伴关系协定》，倡导建设网络空间命运共同体。

当今世界处于百年未有之大变局的一个重要表现，是世界从工业文明走向数字文明和生态文明。数字文明时代，区块链、万物互联技术，推动分布式、网格状、去中心化、去权威的治理模式；人工智能在考验是人定义机器，还是机器定义人，抑或相互定义。科技发展推动数字文明进步，必须做好科技伦理的积极定位支撑与实践治理，所以我们要强调以人民为中心。生态文明强调可持续发展，所以我们要强调民主的可持续性。以人民为中心和全过程两者的结合，就是全过程人民民主。孔子曰“君子不器”，是强调老百姓当家作主，而非民主的异化，是化成天下，而非以“普世”自居、皈依他人或神灵。全过程人民民主诠释了中华优秀传统文化“有教无类”“天下无外”的思想，契合信息社会、文明时代的来临。多样化、小型化、分散化的准则，推翻了工业文明提出来的标准化、专业化、集中化、同步化、最大化、中央集权化六大准则，因此也必然要将人从物化中解脱出

① 常河：《量子计算优越性，看中国！》，《光明日报》2021年11月4日，第16版。

来，使人重新获得灵性的解放。

今天的中国与数字经济和中华优秀传统文化相结合释放出来的人民力量，正在开创数字文明新奇迹。中国共产党正将这奇迹转化为构建网络空间命运共同体的主张，这也成为数字文明时代引领时代潮流和人类前进方向的鲜明旗帜。

四、引领新质生产力

2023年7月以来，习近平总书记在四川、黑龙江、浙江、广西等地考察调研时，提出要整合科技创新资源，引领发展战略性新兴产业和未来产业，加快形成新质生产力。

新质生产力代表先进生产力的演进方向，以劳动者、劳动资料、劳动对象及其优化组合的跃升为基本内涵，具有强大发展动能，能够引领创造新的社会生产时代。新质生产力是创新起主导作用，摆脱传统经济增长方式、生产力发展路径，具有高科技、高效能、高质量特征，符合新发展理念的先进生产力质态。新质生产力是由技术革命性突破、生产要素创新性配置、产业深度转型升级而催生。理解新质生产力，有三个重要维度。

（一）是什么：起点是高科技，路径是高效能，结果是高质量

生产力是推动社会进步最活跃、最革命的要素。社会主义的根本任务就是解放和发展社会生产力。党的二十大强调，科技是第一生产力、人才是第一资源、创新是第一动力。实验室里的新技术，还需要通过新产业，不断形成推动经济社会发展的新动能。

新质生产力是科技创新在其中起主导作用的生产力，是符合高质量发展要求的生产力。其主要载体是产业，核心引擎是创新。新质生

产力的“新”主要包括四个方面：一是新劳动者。参与新质生产力的劳动者是能够充分利用现代技术、适应现代高端先进设备、具有知识快速迭代能力的新型人才。二是新劳动对象。与新质生产力相适应的劳动资料和劳动对象，不仅包括物质形态的高端智能设备，还包括数据等新型生产要素和新劳动对象。三是新劳动工具，如人工智能、虚拟现实和增强现实设备、自动化制造设备等。四是新型基础设施。要适应科技创新范式变革、模式重构的新需求，统筹布局大科学装置，围绕促进战略性新兴产业和未来产业发展，优化升级传统基础设施，完善新型基础设施。

新质生产力是新时代我国经济社会高质量发展的必然产物。要实现经济社会高质量发展，进一步解决不平衡不充分的发展问题，需以创新驱动为引领，逐步摆脱传统的人力和资源能源驱动型增长模式，实现低成本优势向创新优势的转变，创造新产业、培育新动能、形成新优势。与高速增长相比，高质量发展的要素条件、组合方式、配置机制、发展模式等都发生了根本性改变。这就要求大力推动动力变革、效率变革、质量变革，提升全要素生产率，实现创新驱动发展，为新质生产力的形成和发展创造条件。

（二）为什么：进入工业革命4.0，得新质生产力者得未来

工业革命取代农业革命，生产力得到极大提升。如马克思曾说：“资产阶级在它的不到一百年的阶级统治中所创造的生产力，比过去一切世代创造的全部生产力还要多，还要大。”[①]人类步入数字文明、生态文明，不是取代工业文明，而是融合创新，这体现在产业数字化、数字产业化上，以及绿色低碳的生产、生活、思维方式取代不可

① 《马克思恩格斯文集》第2卷，人民出版社2009年版，第36页。

持续的工业文明生产、生活、思维方式上。

当今世界，新一轮科技革命与产业变革正在深入推进，数字经济与实体经济深度融合，各国之间围绕产业、技术特别是关键核心技术的竞争日趋激烈。以科技创新驱动产业创新，加快推进新型工业化，持续推动产业结构优化升级，大力推动创新链、产业链、资金链、人才链“四链”融合，大力推动数字技术与实体经济深度融合，全面推动工业绿色发展，赋能支柱产业迭代升级、新兴产业培育壮大、未来产业前瞻布局，打造具有核心竞争力的优势产业集群，加快构建具有智能化、绿色化、融合化特征和符合完整性、先进性、安全性要求的高质量现代化产业体系，形成并发展先进程度跃迁的新质生产力，从而为全球生产力创新性可持续发展贡献中国方案。

所谓传统生产力是以第一次和第二次科技革命和产业革命为基础，以机械化、电气化、不可持续为主要特征。区别于传统生产力，新质生产力以第三次和第四次科技革命和产业革命为基础，以信息化、网联化、数字化、智能化、自动化、绿色化、高效化为关键提升点，涉及领域新、技术含量高、知识密度大，是传统生产力因科技持续突破创新与产业不断升级发展所衍生的新形式和新质态。

新质生产力既是生产力现代化的具体体现，又是新的高水平的现代化生产力，即新类型、新结构、高技术水平、高质量、高效率、可持续的生产力，也就是以前没有的新的生产力的种类和结构。相比传统生产力而言，其技术水平更高、质量更好、效率更高、更可持续。具体而言，主要包括人工智能、高端算力和算法、高端芯片的设计生产技术和设备、高端机器人的生产和运用、5G和6G移动通信技术和设备、量子通信技术和设备、现代航空航天技术和设备、深海探测开发技术和设备、高端发动机和盾构机等各类机械设备及操作控制系统、高端太阳能风能水能地热能海洋能生物质能等可再生能源技术和设备、核能和氢能等清洁能源、特高压输电技术和设备、现代生命医药技术和设备等，以及能够创新、开发、运用、改进和优化各种高新技术和发展高新产业、改造优化传统产业的高素质的劳动力。

当今世界，正面临百年未有之大变局。中西关系告别“体用之争”，主要看谁能为国际社会提供更好的公共产品。“明体达用、体用贯通”，意即表明中国告别近代，着眼未来。中美战略博弈围绕谁能代表先进生产力发展方向、代表多数民意、代表先进文化，从技术、制度到文明全方位展开。其中，西方将中国视为“制度性对手”，也通过补贴和“举国体制”对抗、平衡中国。在这种情形下，“新质生产力”的提出，表明中国在引领人类发展。一句话，得新质生产力者得未来。

在中华文明史上，中国再次引领人类生产力发展，这是中华民族伟大复兴的题中应有之义。在人类文明史上，首次出现非西方、非美国盟友、非宗教型文明引领人类文明创新。“新质生产力”的提出，充分表明中华民族伟大复兴进入不可逆的史诗般进程。

（三）怎么办：新质生产力呼唤新质生产关系，在新时代彰显社会主义优越性

十月革命一声炮响给中国送来了马克思列宁主义。苏联虽然曾跨越“卡夫丁峡谷”，但最终解体。改革开放后，我国宣布处于社会主义初级阶段，生产力没有达到发达资本主义国家水平。在总结和反思过程中，邓小平同志提出“中国式的现代化”。今天，中国特色社会主义进入新时代，人类从工业文明走向数字生态文明，中国实现弯道超车，引领着这一转型，彰显了中国特色社会主义制度的优越性。习近平总书记提出“中国式现代化”，不仅表明中国能够实现现代化，还能为人类好的现代化指明方向，并通过“一带一路”引领世界各国

共同现代化。

新质生产力的形成，还需要不断调整生产关系。全面深化改革的内在逻辑之一，就是不断调整生产关系，以激发社会生产力发展活力。所以，新质生产力带来的是发展命题，也是改革命题。围绕创新驱动的体制机制变革也因此至关重要。

第二节

制度安排：治理体系和治理能力的现代化

高水平对外开放，从要素驱动走向制度红利，是中国式现代化的新时代特征。

党的二十大报告指出："未来五年是全面建设社会主义现代化国家开局起步的关键时期，主要目标任务是：经济高质量发展取得新突破，科技自立自强能力显著提升，构建新发展格局和建设现代化经济体系取得重大进展；改革开放迈出新步伐，国家治理体系和治理能力现代化深入推进，社会主义市场经济体制更加完善，更高水平开放型经济新体制基本形成；全过程人民民主制度化、规范化、程序化水平进一步提高，中国特色社会主义法治体系更加完善；人民精神文化生活更加丰富，中华民族凝聚力和中华文化影响力不断增强；居民收入增长和经济增长基本同步，劳动报酬提高与劳动生产率提高基本同步，基本公共服务均等化水平明显提升，多层次社会保障体系更加健全；城乡人居环境明显改善，美丽中国建设成效显著；国家安全更为巩固，建军一百年奋斗目标如期实现，平安中国建设扎实推进；中国国际地位和影响进一步提高，在全球治理中发挥更大作用。”①

习近平总书记的重要文章《在庆祝中国共产党成立100周年大会上的讲话》（简称《讲话》），是一篇21世纪马克思主义的历史性文献，是习近平新时代中国特色社会主义思想的代表性成果，对于丰富人类政党政治乃至政治文明都有极其重要的历史意义，要从中华文明5000年和人类文明创新的高度来理解《讲话》精神。《讲话》指出：“一百年来，中国共产党团结带领中国人民，以‘为有牺牲多壮志，敢教日月换新天’的大无畏气概，书写了中华民族几千年历史上最恢宏的史诗。这一百年来开辟的伟大道路、创造的伟大事业、取得的伟大成就，必将载入中华民族发展史册、人类文明发展史册！”②“一百年前，中国共产党的先驱们创建了中国共产党，形成了坚持真理、坚守理想，践行初心、担当使命，不怕牺牲、英勇斗争，对党忠诚、不负人民的伟大建党精神，这是中国共产党的精神之源。”③

具体而言，可从时间、空间以及自身维度理解中国共产党如何描绘中华民族伟大复兴壮丽画卷，如何创造人类文明新形态，探究中国共产党为何能创造人类文明新形态。

---

① 习近平：《高举中国特色社会主义伟大旗帜　为全面建设社会主义现代化国家而团结奋斗——在中国共产党第二十次全国代表大会上的报告》，人民出版社2022年版，第25页。

② 习近平：《在庆祝中国共产党成立100周年大会上的讲话》，人民出版社2021年版，第7—8页。

③ 习近平：《在庆祝中国共产党成立100周年大会上的讲话》，人民出版社2021年版，第8页。

一、时间维度：要从后天看明天，不只是从昨天看明天

《讲话》指出："过去一百年，中国共产党向人民、向历史交出了一份优异的答卷。现在，中国共产党团结带领中国人民又踏上了实现第二个百年奋斗目标新的赶考之路。"[①]这是从昨天看明天。"一百年来，中国共产党团结带领中国人民进行的一切奋斗、一切牺牲、一切创造，归结起来就是一个主题：实现中华民族伟大复兴。"[②]"中国共产党立志于中华民族千秋伟业，百年恰是风华正茂！回首过去，展望未来，有中国共产党的坚强领导，有全国各族人民的紧密团结，全面建成社会主义现代化强国的目标一定能够实现，中华民族伟大复兴的中国梦一定能够实现！"[③]这是从后天看明天。

《讲话》指出："中国共产党一经诞生，就把为中国人民谋幸福、为中华民族谋复兴确立为自己的初心使命。"[④]"初心易得，始终难守。以史为鉴，可以知兴替。我们要用历史映照现实、远观未来，从中国共产党的百年奋斗中看清楚过去我们为什么能够成功、弄明白未来我们怎样才能继续成功，从而在新的征程上更加坚定、更加自觉地

---

① 习近平：《在庆祝中国共产党成立100周年大会上的讲话》，人民出版社2021年版，第22页。

② 习近平：《在庆祝中国共产党成立100周年大会上的讲话》，人民出版社2021年版，第3页。

③ 习近平：《在庆祝中国共产党成立100周年大会上的讲话》，人民出版社2021年版，第22—23页。

④ 习近平：《在庆祝中国共产党成立100周年大会上的讲话》，人民出版社2021年版，第3页。

牢记初心使命、开创美好未来。”①

奋斗百年路，启航新征程。中国共产党致力于实现中华民族伟大复兴、推动构建人类命运共同体，这是贯穿了中国共产党过去、现在、未来的主旋律。

《讲话》指出：“以史为鉴、开创未来，必须不断推动构建人类命运共同体。和平、和睦、和谐是中华民族5000多年来一直追求和传承的理念，中华民族的血液中没有侵略他人、称王称霸的基因。中国共产党关注人类前途命运，同世界上一切进步力量携手前进，中国始终是世界和平的建设者、全球发展的贡献者、国际秩序的维护者！……中国共产党将继续同一切爱好和平的国家和人民一道，弘扬和平、发展、公平、正义、民主、自由的全人类共同价值，坚持合作、不搞对抗，坚持开放、不搞封闭，坚持互利共赢、不搞零和博弈，反对霸权主义和强权政治，推动历史车轮向着光明的目标前进！”②

时间维度还体现在摒弃线性进化论上，不再强调人类文明先进与落后之分，而是强调于我有益与否，真正贯彻实践是检验真理的唯一标准。《讲话》指出：“中华民族拥有在5000多年历史演进中形成的灿烂文明，中国共产党拥有百年奋斗实践和70多年执政兴国经验，我们积极学习借鉴人类文明的一切有益成果，欢迎一切有益的建议和善意的批评，但我们绝不接受‘教师爷’般颐指气使的说教！”③

---

① 习近平：《在庆祝中国共产党成立100周年大会上的讲话》，人民出版社2021年版，第10页。

② 习近平：《在庆祝中国共产党成立100周年大会上的讲话》，人民出版社2021年版，第16页。

③ 习近平：《在庆祝中国共产党成立100周年大会上的讲话》，人民出版社2021年版，第14—15页。

二、空间维度：中国共产党解决发生在中国的人类问题

讲话伊始，习近平总书记庄严宣告："经过全党全国各族人民持续奋斗，我们实现了第一个百年奋斗目标，在中华大地上全面建成了小康社会，历史性地解决了绝对贫困问题，正在意气风发向着全面建成社会主义现代化强国的第二个百年奋斗目标迈进。这是中华民族的伟大光荣！这是中国人民的伟大光荣！这是中国共产党的伟大光荣！"①

理解和认识中国共产党的百年历史和伟大成就，不只是解决中国问题，对解决发生在中国的人类共同问题具有普遍的世界意义。正如《人类减贫的中国实践》白皮书所说："贫困是人类社会的顽疾，是全世界面临的共同挑战。贫困及其伴生的饥饿、疾病、社会冲突等一系列难题，严重阻碍人类对美好生活的追求。消除贫困是人类梦寐以求的理想，人类发展史就是与贫困不懈斗争的历史。……中共十八大以来，在以习近平同志为核心的党中央领导下，中国组织实施了人类历史上规模空前、力度最大、惠及人口最多的脱贫攻坚战。……占世界人口近五分之一的中国全面消除绝对贫困，提前10年实现《联合国2030年可持续发展议程》减贫目标，不仅是中华民族发展史上具有里程碑意义的大事件，也是人类减贫史乃至人类发展史上的大事件，为全球减贫事业发展和人类发展进步作出了重大贡献。"②

---

① 习近平：《在庆祝中国共产党成立100周年大会上的讲话》，人民出版社2021年版，第2页。

② 中华人民共和国国务院新闻办公室：《人类减贫的中国实践》，人民出版社2021年版，第1—2页。

中国在应对全人类共同挑战、解决全人类共同问题中所取得的成就，归于中国共产党的领导，归于中国人民。《讲话》指出：“中国共产党领导是中国特色社会主义最本质的特征，是中国特色社会主义制度的最大优势，是党和国家的根本所在、命脉所在，是全国各族人民的利益所系、命运所系。”①

三、自身维度：中国共产党创造人类文明新形态

《讲话》指出：“我们坚持和发展中国特色社会主义，推动物质文明、政治文明、精神文明、社会文明、生态文明协调发展，创造了中国式现代化新道路，创造了人类文明新形态。”②

我将无我，不负人民。中国共产党创造人类文明新形态，首先是超越政党政治，创新人类政治文明。

中国不是西方的民族国家，中国共产党并非西方的政党，中国共产党对西方政党政治有三大超越：

——政治周期：西方政党多采取多党轮流执政，政治周期短，与经济周期不匹配，即便凯恩斯主义经济政策都不能避免资本主义经济危机，而只是缓解。这也是新自由主义全球化背景下基础设施建设长期被忽视的根源，因为基础设施建设周期长，见效慢，成本高，私人资本没有兴趣，政客们受制于选举政治，只着眼于短期利益，也没有兴趣。西方对“一带一路”倡议如此热衷又如此排斥，自己干不了，

---

① 习近平：《在中国共产党成立100周年大会上的讲话》，人民出版社2021年版，第11页。

② 习近平：《在中国共产党成立100周年大会上的讲话》，人民出版社2021年版，第13—14页。

又不让你干，其实是担心中国借此动了其国际主导地位。

——政经分离：All politics is local（所有的政治都是地方性的），而经济又是全球化的。这种政治、经济矛盾导致民粹主义泛滥成灾，因为经济全球化导致资源全球配置，产业转移导致产业空心化，就业问题凸显，重效率而非公平。

——分的逻辑：西方“分”的文化，产生政教分离、三权分立等制度安排，经历文艺复兴、地理大发现，将西方性包装为“现代性”“全球性”进行扩张。美国倡导的新自由主义全球化更是让美国文化盛行于世。这是当今西方民粹主义泛滥的源泉。中国和合文化将传统的“党”（party），在无论是中文语境的“君子不党”，还是英文语境的“部分”（part）变成“立党为公、执政为民”，传统政治文化得以创造性转化和创新性发展。中华文化落地生根、全球化本土化成就中国共产党，没有产生精英与大众分离。

中国共产党在中国的执政地位是以传统中华文化为根基，以“苟日新，日日新”的文明为载体，以开放学习的胸襟为保障，将传统文化的民本思想发展为全心全意为人民服务的宗旨。正因为“不谋全局者，不足以谋一域；不谋万世者，不足以谋一时”，故中国共产党超越了西方政党政治。

《讲话》指出：“江山就是人民、人民就是江山，打江山、守江山，守的是人民的心。中国共产党根基在人民、血脉在人民、力量在人民。中国共产党始终代表最广大人民根本利益，与人民休戚与共、生死相依，没有任何自己特殊的利益，从来不代表任何利益集团、任何权势团体、任何特权阶层的利益。”[①]中国共产党可谓“全民”的

① 习近平：《在庆祝中国共产党成立100周年大会上的讲话》，人民出版社2021年版，第11—12页。

党、“无我”的政党，根本不是西方那个政党。

中国共产党在国内秉承以人民为中心的理念、开创中国式现代化，在国际上倡导构建新型国际关系、构建人类命运共同体，也在开创人类文明新形态。

《讲话》指出：“中国共产党关注人类前途命运，同世界上一切进步力量携手前进，中国始终是世界和平的建设者、全球发展的贡献者、国际秩序的维护者!”[①]“中国共产党将继续同一切爱好和平的国家和人民一道，弘扬和平、发展、公平、正义、民主、自由的全人类共同价值，坚持合作、不搞对抗，坚持开放、不搞封闭，坚持互利共赢、不搞零和博弈，反对霸权主义和强权政治，推动历史车轮向着光明的目标前进!”[②]

习近平总书记在中国共产党与世界政党领导人峰会上的主旨讲话中再次强调：“中国共产党将团结带领中国人民深入推进中国式现代化，为人类对现代化道路的探索作出新贡献。中国共产党坚持一切从实际出发，带领中国人民探索出中国特色社会主义道路。历史和实践已经并将进一步证明，这条道路，不仅走得对、走得通，而且也一定能够走得稳、走得好。我们将坚定不移沿着这条光明大道走下去，既发展自身又造福世界。现代化道路并没有固定模式，适合自己的才是最好的，不能削足适履。每个国家自主探索符合本国国情的现代化道路的努力都应该受到尊重。中国共产党愿同各国政党交流互鉴现代化建设经验，共同丰富走向现代化的路径，更好为本国人民和世界各国

① 习近平：《在庆祝中国共产党成立100周年大会上的讲话》，人民出版社2021年版，第16页。

② 习近平：《在庆祝中国共产党成立100周年大会上的讲话》，人民出版社2021年版，第16页。

人民谋幸福。”[①]“人类是一个整体，地球是一个家园。面对共同挑战，任何人任何国家都无法独善其身，人类只有和衷共济、和合共生这一条出路。政党作为推动人类进步的重要力量，要锚定正确的前进方向，担起为人民谋幸福、为人类谋进步的历史责任。”[②]

① 《习近平外交演讲集》第2卷，中央文献出版社2022年版，第357—358页。

② 《习近平外交演讲集》第2卷，中央文献出版社2022年版，第354页。

第三节

观念引领：现代化的最终目标是实现人自由而全面的发展

西方开启现代化，由果溯因，将现代化定义为以人与自然关系为主要标志的科技革命引发的工业化、城市化、农业现代化，否定了强调人与人关系的中华文明、人与神关系的印度文明和伊斯兰文明现代化的可能性。中国式现代化打破了这种倒果为因的叙事，揭露了现代化、现代性乃中世纪后宗教革命、资产阶级革命的叙事，鼓舞了文明古国实现现代化的信心，并且以文明复兴扬弃了西方现代化的弊端，提出人的全面发展、人与自然和谐共生、和平发展道路的文明意义。2023年3月15日，习近平总书记在中国共产党与世界政党高层对话会上的主旨讲话中指出，现代化的最终目标是实现人自由而全面的发展。①

西方视中国式现代化为打破“普世”价值神话的唯一替代现代化模式，不断打压中国，动摇其信心、抹黑其前景。要实现中国式现代化，战略机遇与风险挑战并存。党的十九大报告指出：“行百里者半

① 习近平：《携手同行现代化之路——在中国共产党与世界政党高层对话会上的主旨讲话》，人民出版社2023年版，第2页。

九十。中华民族伟大复兴，绝不是轻轻松松、敲锣打鼓就能实现的。全党必须准备付出更为艰巨、更为艰苦的努力。”[①]党的二十大报告进一步将其概括为“三个务必”：“全党同志务必不忘初心、牢记使命，务必谦虚谨慎、艰苦奋斗，务必敢于斗争、善于斗争，坚定历史自信，增强历史主动，谱写新时代中国特色社会主义更加绚丽的华章。”[②]

中国式现代化超越了近代中西对比、线性进化的逻辑，从人类文明高度理解中国式现代化。在推进中国式现代化的路径上，也充分展示了中华文明的辩证思维。在新进中央委员会的委员、候补委员和省部级主要领导干部学习贯彻习近平新时代中国特色社会主义思想和党的二十大精神研讨班开班式上，习近平总书记强调：“推进中国式现代化是一个系统工程，需要统筹兼顾、系统谋划、整体推进，正确处理好顶层设计与实践探索、战略与策略、守正与创新、效率与公平、活力与秩序、自立自强与对外开放等一系列重大关系。”[③]

面对百年未有之大变局，全球化朝向区域化、本土化乃至板块化发展，国际主要矛盾从全球化内部矛盾发展为不同全球化间矛盾，甚至围绕要不要全球化、要什么样的全球化、要谁的全球化全方位展开。美国等西方国家对华打压从民主、民生到民族层面迈进，我们必

---

① 中共中央党史和文献研究院编：《十九大以来重要文献选编》上，中央文献出版社2019年版，第11页。

② 习近平：《高举中国特色社会主义伟大旗帜　为全面建设社会主义现代化国家而团结奋斗——在中国共产党第二十次全国代表大会上的报告》，人民出版社2022年版，第1—2页。

③ 《习近平在学习贯彻党的二十大精神研讨班开班式上发表重要讲话强调：正确理解和大力推进中国式现代化》，《人民日报》2023年2月8日，第1版。

须增强忧患意识，坚持底线思维，做到居安思危、未雨绸缪，准备经受风高浪急甚至惊涛骇浪的重大考验。这也要求我们筑牢国家安全意识，坚定以中国式现代化实现中华民族伟大复兴的信心和勇气，大力推进军事和国防现代化，为中国式现代化保驾护航。实现祖国完全统一是中华民族伟大复兴的必然要求。

中国式现代化是走和平发展道路的现代化，为世界树立榜样，为那些既希望加快发展又希望独立自主的国家现代化提供了新的选择，同时希望与别的国家共同发展、和平发展，这样我国的和平发展才有了保障。中国既是世界工厂，又在成为世界市场，只有其他国家共同发展起来，才能买得起中国制造，中国制造才能进入他们的市场，中国才能实现可持续发展。因此，和平发展不只是中国的主观愿望，还是客观路径选择，也是世界最大利好。

第四章

中国式现代化
对西方现代化的扬弃

中国式现代化摒弃了西方以资本为中心的现代化、两极分化的现代化、物质主义膨胀的现代化、对外扩张掠夺的现代化老路，打破了“现代化等于西方化”的迷思，拓展了发展中国家走向现代化的途径，为人类对更好社会制度的探索提供了中国方案。

2023年2月7日，习近平总书记在新进中央委员会的委员、候补委员和省部级主要领导干部学习贯彻习近平新时代中国特色社会主义思想和党的二十大精神研讨班开班式上强调，中国式现代化蕴含的独特世界观、价值观、历史观、文明观、民主观、生态观等及其伟大实践，是对世界现代化理论和实践的重大创新。[①]

中国式现代化何以可能？如何推进？如何塑造人类现代化未来？必须从文明的逻辑，从中华文明史和人类文明史角度理解中国式现代化的世界意义。

---

① 《习近平在学习贯彻党的二十大精神研讨班开班式上发表重要讲话强调：正确理解和大力推进中国式现代化》，《人民日报》2023年2月8日，第1版。

第一节

历史维度（起点）：文明古国的现代振兴，现代化再造中国

中华优秀传统文化源远流长、博大精深，是中华文明的智慧结晶。这就打破了文明乃文化结晶的倒果为因的西方叙事——文明就是现代西方普世文明。[①]进一步说，以中国式现代化实现中华民族伟大复兴，打破了“西方中心论”的逻辑，克服了西方文明的三大悖论：

一、休谟悖论。衰落了不可能再复兴。古典经济学家休谟在《人类理解研究》中曾经预言，当艺术和科学的发展在一个国家达到至真至善之后，将不可避免地走向衰微，此后艺术和科学极少有可能甚至永远不会在同一个国家得到复兴。

二、黑格尔-雅思贝尔斯悖论。德国哲学家雅思贝尔斯曾提出“轴心时代”论。他认为春秋战国时的中华文明与古希腊古罗马时期的欧洲文明等量齐观，其差别在轴心时代之后。在《历史哲学》一书中，黑格尔称中国是早熟的文明。他曾指出，中国的历史从本质上看是没有历史的，它只是君主覆灭的一再重复而已，任何进步都不可能

---

① 王义桅：《海殇：欧洲文明启示录》，上海人民出版社2013年版，第28页。

从中产生。

三、亨廷顿“文明的冲突”悖论。亨廷顿认为，当代世界存在着西方文明、东正教文明、中华文明、印度文明、日本文明、拉丁美洲与非洲文明等8种主要文明。[①]异质文明的复兴引发与西方基督教文明的冲突，而冷战的意识形态冲突只是过渡。全球化是基督教文明扩张，真正遇到对手——伊斯兰文明复兴导致西方内卷——伊斯兰教、基督教、犹太教是亚伯拉罕诸教，中华文明复兴界定西方基督教文明扩张的边界。

中国式现代化打破了西方的现代化话语霸权，形成三大效应：

一是告别了所谓的“现代化＝西方化”的迷思，还原了现代化乃各种文明不断适应变化了的环境的一种运动，“苟日新，日日新”。在西方话语体系中，现代化的前提是现代性。现代性（modernity）一词与古典性（antiquity）相对应，源自基督教神学，其一是基于时间的线性与断裂性，其二是基于理性的运用。这种源于“两希文明”（指希腊文明及希伯来文明）的现代性本身既带来了科学的福音、理性的勇气、技术的进步与人类的发展，也带来了可持续发展问题和公平正义问题，出现了祛自然和祛精神的启蒙心态。自然被客观化成为被人改造的对象，精神被祛魅化成为“理性的婢女”，如是，凡俗时代成为西方现代化的主要内容，尼采从内部“堡垒”爆破产生的价值废墟日渐沉沦。[②]习近平总书记指出，“现代化的最终目标是实现人

---

① ［美］亨廷顿著，周琪等译：《文明的冲突与世界秩序的重建》，新华出版社1998年版，第370页。

② 王建宝：《冲出历史三峡，走出轴心时代——中国式现代化之参稽》，2022年嵩山论坛发言。

自由而全面的发展”[①]。这就超越了近代西方把人从神那里解放出来的“现代性”和资本导向的西方现代化逻辑，以人民为中心超越人文主义。

二是现代化不是去传统化，而是实现对传统文化的创造性转化与创新性发展。传统文化不仅不是现代化的障碍，反而会成为现代化的滋养。在中国共产党与世界政党高层对话会上，习近平总书记指出：“当今世界不同国家、不同地区各具特色的现代化道路，植根于丰富多样、源远流长的文明传承。人类社会创造的各种文明，都闪烁着璀璨光芒，为各国现代化积蓄了厚重底蕴、赋予了鲜明特质，并跨越时空、超越国界，共同为人类社会现代化进程作出了重要贡献。”[②]习近平总书记首次提出全球文明倡议：“倡导重视文明传承和创新，充分挖掘各国历史文化的时代价值，推动各国优秀传统文化在现代化进程中实现创造性转化、创新性发展。”[③]中国式现代化既传承历史文化、又融合现代文明，“作为人类文明新形态，与全球其他文明相互借鉴，必将极大丰富世界文明百花园”[④]。

三是现代化是复数，不是单数，文明也是复数，这打破了古代、现代文明的线性进化分类，更不存在所谓的“普世文明”一说——其本质是基督教一元论，而是各种文明“万类霜天竞自由”。“现代化”

① 习近平：《携手同行现代化之路——在中国共产党与世界政党高层对话会上的主旨讲话》，人民出版社2023年版，第2页。

② 习近平：《携手同行现代化之路——在中国共产党与世界政党高层对话会上的主旨讲话》，人民出版社2023年版，第7页。

③ 习近平：《携手同行现代化之路——在中国共产党与世界政党高层对话会上的主旨讲话》，人民出版社2023年版，第8页。

④ 习近平：《携手同行现代化之路——在中国共产党与世界政党高层对话会上的主旨讲话》，人民出版社2023年版，第7页。

（modernization）这一概念源于“现代性”（modernity），是西方宗教革命的产物。回顾历史，14世纪，意大利的文艺复兴运动高举人文主义大旗，将人从神权中解放，宗教改革又将人从天主教会的束缚中解放，为早期资本主义萌芽发展、原始财富积累和资产阶级革命奠定基础。通过工业革命、海外殖民、商业扩张以及政治社会变革等，西方现代化步入快车道。由于西方国家率先实现了现代化，迄今没有国家打破西方的现代化模式，很多人由此便认为，西方的现代文明代表人类文明的终极形态，其他国家只有效仿和走西方化道路，才能实现现代化和文明进步。在他们看来，过去的巴比伦、埃及等文明虽曾辉煌，但已走向消亡，而现有文明等待普世现代文明去开化。这种将西方化等同于现代化的观点，是一种概念混淆，本质上是“西方中心主义”。

中国式现代化超越了这种基督教文明叙事，而是从人类文明史高度，以构建人类命运共同体、创造人类文明新形态为目标的现代化。人类命运共同体的价值基础是全人类共同价值。钱穆先生在《中国文化史导论》中指出：人类文化从源头看有游牧、农耕和商业三种类型。“游牧、商业起于内不足，内不足则需向外寻求，因此而为流动的、进取的。农耕可以自给，无事外求，并必继续一地，反复不舍，因此而为静定的、保守的。”在世界整体内在动力不足、可持续发展成为唯一选择的全球化时代，游牧、农耕、商业乃至工业文化的差异消失了，世界面临共同的文明挑战。

著名汉学家、德国波恩大学东亚系教授沃尔夫冈·顾彬认为，中国是欧洲文明的“福分”，中华文化一直为西方文化提供滋养。但长期以来，西方人并不了解中华文化与世界文明的对话历史，更不了解中华文化对世界文明的影响。如果说20世纪的德国哲学是“我者”与“他者”的对话，那么今天的世界就是“我者”与“伙伴”的交流，开放对话为当今世界不同文化间互融互鉴、打造人类命运共同体打开了大门。[①]

一位西方学者曾经说过，人类的奇遇中最引人入胜的时候，可能就是希腊文明、印度文明和中国文明相遇的时候。希腊哲学强调人与自然关系，印度哲学强调人与神关系，而中国哲学强调人与人关系。[②]印度文明缺乏正史记述，也有学者建议代之以希伯来文明，后衍生出基督教文明、伊斯兰文明（犹太教、基督教、伊斯兰教等被称为“亚伯拉罕诸教”）。西方文明的两大源头正是希伯来文明和希腊文明。

今天，这种引人入胜的时候由“一带一路”倡议开启，将三大世界级文明：中华文明（着眼于人与人关系，强调做人）、印度文明（着眼于人与神关系，强调做信徒）及西方文明（着眼于人与自然关系，强调做事）再次融通起来，以文明之合，超越文明之分，在21世纪再现古代丝绸之路将中国的“四大发明”通过阿拉伯传到欧洲的文明历程，对接农耕文明、游牧文明和海洋文明的和合气象。

从现代化视角看，也有学者建议以伊斯兰文明代替印度文明。王立胜、晏扩明认为：“目前对世界格局产生广泛影响的文明种类可以广义地归结为如下三种：西方文明、中华文明和伊斯兰文明。其中，伊斯兰文明尚未完成实现世俗化所必需的宗教改革，其对现代世界秩序的塑造和重建尚缺乏积极且必要的主体要素。因而，我们可以首先假设的是：人类文明的现代形态及其塑造工程，仍旧主要介于西方文明与中华文明之间。西方文明所引领的，是原发型现代化国家所创造

---

① 《中外学者共话中华文明与世界文明》，《中国青年报》2017年9月28日。

② ［法］R. 格鲁塞著，常书鸿译：《从希腊到中国》，浙江人民美术出版社1985年版。

的人类文明既有形态；而中华文明所要形塑的，恰恰是后发型现代化国家所谋求的人类文明新形态。”①

西方开启现代化，由果溯因，将现代化定义为以人与自然关系为主要标志的科技革命引发的工业化、城市化、农业现代化，否定了强调人与人关系的中华文明、人与神关系的印度文明和伊斯兰文明现代化的可能性。中国式现代化打破了这种倒果为因的叙事，揭露了现代化、现代性乃中世纪后宗教革命、资产阶级革命的叙事，鼓舞了文明古国自主实现现代化的信心，并且以文明复兴扬弃了西方现代化的弊端，倡导人的自由而全面的发展、人与自然和谐共生、走和平发展的道路。

---

① 王立胜、晏扩明：《“儒家传统-共产主义”文明新形态——中国道路对人类文明新形态的现代探索》，《文化纵横》2022年第3期，第79页。

第二节

现实维度（过程）：中国式现代化超越西方文明逻辑

党的十八大以来，中国特色社会主义进入新时代，我国现代化被赋予新的内涵和更丰富的内容。党的十八届三中全会明确提出“国家治理体系和治理能力现代化”这一新命题。党的二十大报告将“实现

中国式现代化的特征

全体人民共同富裕”纳入中国式现代化的本质要求，促进物质富裕和精神富裕相统一。中国式现代化融合了人与人、人与社会、人与自然、国家与国家之间的认识。这些内容已经逐步超越了西方经验，更超越了其他发展中国家。

现代化是“欧洲中心论”的话语，以“现代–落后”“文明–野蛮”的二元叙事，乃至形成“前现代–现代–后现代”的欧盟线性进化说辞。第二次世界大战结束后，美国崛起为全球霸权，“欧洲中心论”为“美国中心论”取代，“发达–发展中–欠发达”国家叙事取代欧洲的现代化叙事，用发展经济学给发展中国家以追随发达国家的幻想，企图使其放弃推翻不合理的国际政治经济秩序。作为5000年连续不断的中华文明伟大复兴，中国式现代化则是与人类现代化相对应的更具包容性叙事，开创了现代化与本土化相结合的中国式路径。

中国是文明型国家，不能从大国崛起角度理解中华民族伟大复兴。中国是社会主义国家，中华民族伟大复兴的中国梦，也是社会主义梦，其实现过程也就是世界社会主义运动从历史低谷逐步走向复兴的过程。中华民族伟大复兴，是近代大国复兴进程中唯一非宗教国家的复兴，不以西化为目标，且是非基督教国家的崛起和世俗文明的复兴；中华民族的伟大复兴，是唯一未被西方殖民的文明型国家的复兴；中华民族的伟大复兴，是唯一既复兴古老文明，又复兴西方另类意识形态——社会主义思潮的复兴。中华民族伟大复兴的种种特殊性决定了复兴的复杂性、艰巨性，也预示着中华民族伟大复兴的历史使命。

宋孝宗、明永乐皇帝、清雍正皇帝讲过相似的话，即儒家治世、佛教治心、道教治身。中国自从宋代以来，儒释道并存，道家之共天、儒家之共生、佛家之共业，塑造了中国式现代化对西方现代化等于工业化、现代化等于西方化的全面超越，突破了工业文明瓶颈，倡导生态文明，拥抱数字文明。作为社会主义国家的现代化，中国式现代化倡导以人民为中心，超越资本为中心的逻辑。

中华传统文化的人类命运共同体思想

儒	道	释
共生 Mutualism	共天 Tao	共业 Karma

出处：王义桅：《时代之问，中国之答：构建人类命运共同体》，湖南人民出版社2021年版，第51页。

从人与自然的关系角度讲，中国式现代化是“人与自然和谐共生的现代化”。中国传统文化中的人与自然关系体现了中国人民对自然的敬畏与崇拜，讲求和谐共生、天人合一的宇宙观念，注重生态智慧和环保观念的实践，以及农耕文化中自然循环的把握。这种人与自然的关系观念，不仅是中国传统文化的重要组成部分，也为现代社会的可持续发展提供了有益的启示。习近平总书记强调，我国现代化注重同步推进物质文明建设和生态文明建设，走生产发展、生活富裕、生态良好的文明发展道路，否则资源环境的压力不可承受。①

从人与人关系角度讲，中国式现代化是“全体人民共同富裕的现代化”。是所有人共同富裕还是少数人富裕，这是中国式现代化与西方现代化的根本区别。我们既坚持做大蛋糕，又注重分好蛋糕，使全体人民共享现代化成果。习近平总书记强调，共同富裕是中国特色社会主义的本质要求，我国现代化坚持以人民为中心的发展思想，自觉主动解决地区差距、城乡差距、收入分配差距，促进社会公平正义，

① 习近平：《论把握新发展阶段、贯彻新发展理念、构建新发展格局》，中央文献出版社2021年版，第9—10页。

逐步实现全体人民共同富裕，坚决防止两极分化。[①]

从人与己关系的角度讲，中国式现代化是“物质文明和精神文明相协调的现代化”。中国人理解的现代化本来兼具器物、制度、精神文明层面的内涵。只有物质文明建设和精神文明建设都搞好，国家物质力量和精神力量都增强，人民物质生活和精神生活都提升，社会主义现代化才能顺利向前推进。习近平总书记强调，我国现代化坚持社会主义核心价值观，加强理想信念教育，弘扬中华优秀传统文化，增强人民精神力量，促进物的全面丰富和人的全面发展。[②]

从数量级角度讲，中国式现代化是“人口规模巨大的现代化”。18世纪下半叶，英国开启现代化的时候，人口是千万级；20世纪，美国领跑现代化的时候，人口是上亿级。中国式现代化是人口规模超过14亿量级的。西方20多个国家，用了几百年才实现了10亿人、全球八分之一人口的现代化。中国14亿多人口实现现代化，会使世界现代化人口翻一番多，将彻底改写现代化的世界版图。可以说，这必然是人类发展史上最伟大的探索和创造！这件大事，值得我们骄傲，也值得我们为之奋斗！中国是世界上的人口大国，也是最大的社会主义国家、最大的发展中国家，人口规模庞大是中国的基本国情。我国14亿多人口要整体迈入现代化社会，其规模超过现有发达国家人口的总和，将彻底改写现代化的世界版图。习近平总书记指出，这“在人类历史上是一件有深远影响的大事”[③]。

---

① 习近平：《论把握新发展阶段、贯彻新发展理念、构建新发展格局》，人民出版社2021年版，第9页。

② 习近平：《论把握新发展阶段、贯彻新发展理念、构建新发展格局》，人民出版社2021年版，第9页。

③ 习近平：《论把握新发展阶段、贯彻新发展理念、构建新发展格局》，中央文献出版社2021年版，第9页。

从国与国关系讲，中国式现代化是“走和平发展道路的现代化”。一些老牌资本主义国家走的是暴力掠夺殖民地的道路，是以其他国家落后为代价的现代化。秉持“以和为贵”理念，我国的现代化之路与奉行霸权主义、扩张主义的西方现代化有着本质的不同。中华人民共和国成立后，通过农业、工业产品的“剪刀差”实现原始积累，通过举国体制实现工业化，并通过改革开放创造经济快速增长和社会长期稳定的双重奇迹。中国始终坚持在维护世界和平中推动发展，在推动发展中促进世界和平。习近平总书记强调，我国现代化强调同世界各国互利共赢，推动构建人类命运共同体，努力为人类和平与发展作出贡献。①

---

① 习近平：《论把握新发展阶段、贯彻新发展理念、构建新发展格局》，中央文献出版社2021年版，第10页。

第三节

未来维度（目标）：中国式现代化开创人类文明新形态

近代以来，西方现代化，尤以盎格鲁-撒克逊模式即私人资本主导的现代化为强势现代化，主导了“现代-落后”的二元叙事（欧盟还有“前现代-现代-后现代”的线性进化叙事）。中国式现代化改写了人类文明史意义的现代化叙事。新时代的中国正通过中国式现代化，开创人类文明新形态。

一是改变人类现代化版图。

综观人类现代化发展史，现代化人口分布在发达国家且总规模不超过10亿，历时近300年时间才实现。中国现有14亿多人口，若中国如期整体性迈入现代化，这将创造人类现代化的奇迹。发展中国家现代化人口数量也将超过发达国家，极大地改变现代化的世界版图。

一个经济总量稳居世界第二，且综合国力、科技实力、国防实力、文化影响力、国际影响力不断攀升的人口大国迈向全面建设社会主义现代化国家新征程，这在人类历史上是具有深远影响的大事。到我们党实现第二个百年奋斗目标的时候，我们这个有着悠久文明历史、由56个民族组成的中华民族，我们这个拥有14亿多人口、960多万平方千米国土的东方大国，用中华人民共和国成立后的100年时间走完了西方国家几百年走完的现代化历程。超过现有发达国家人口总和的中国人民迈入社会主义现代化国家，必将更加深刻地影响世界历史进程，推动构建人类命运共同体。

二是改变人类现代化范式。

中国式现代化给文明古国和广大的发展中国家提供了重要启发。从人类文明史来看，成为自己而不是成为别人，这是最高尚的。若成为别人，首先就是一种自我扭曲，一种对传统文化的破坏，一种对自尊心的摧残。走符合自身国情的发展道路，就是中国式现代化最重要的历史经验。《中共中央关于党的百年奋斗重大成就和历史经验的决议》指出，人类历史上没有一个民族、一个国家可以通过依赖外部力量、照搬外国模式、跟在他人后面亦步亦趋实现强大和振兴。那样做的结果，不是必然遭遇失败，就是必然成为他人的附庸。2016年5月17日，习近平总书记在全国哲学社会科学座谈会上明确指出："当代中国的伟大社会变革，不是简单延续我国历史文化的母版，不是简单套用马克思主义经典作家设想的模板，不是其他国家社会主义实践的再版，也不是国外现代化发展的翻版，不可能找到现成的教科书。"[①]每个国家都能够拥有其特色，走符合自身国情发展的道路，这是国际关系民主化的必然要求。西方人说自己"入乡随俗"（When in Rome, do as the Romans do），但对他人或他国，却行的是"照我说的做，不要学我做"（Do as I say, not as I do）。对此，毛泽东同志在《中国革命和中国共产党》一文中指出，"帝国主义列强为了这个目的，曾经对中国采用了并且还正在继续地采用着如同下面所说的一切军事的、政治的、经济的和文化的压迫手段，使中国一步一步地变成

---

① 习近平：《在哲学社会科学工作座谈会上的讲话》，人民出版社2016年版，第21页。

了半殖民地和殖民地”[①]。结果，有着宗主国崇拜的前殖民地国家，在现代化进程中纷纷陷入发展陷阱、中等收入陷阱，却鲜有真正实现现代化的。关于西方国家强势输出价值观的行径，科威特作家法瓦兹将其形容为：“如果你想成功，你必须像我一样；如果你长得不像我，我就让你成为失败者。”[②]在现代化等于西方化的逻辑下，世界现代化范式定于一尊，即“普世价值”的现代化。

中国式现代化打破了这一神话，鼓励各国走符合自身国情的发展道路。成为自己，命运自主。现代化不是西方化，自信自觉推进中国式现代化事业，同时鼓励其他国家走符合自身国情的现代化道路，打造全球现代化逻辑——从客场现代化到主场现代化。

三是改变人类现代化文明。

由于西方国家率先实现现代化，现代化也因此被贴上西方的标签。然而，在实践进程中，鲜有后发国家复制成功的案例。中国式现代化的全球意义不言而喻。长时间以来，很多人把现代化误解为西方化，认为要想实现现代化，就必须全盘“照搬”西方发展模式。然而，西方现代化从一开始便具有强烈的扩张性和残酷性，其背后实际是侵略扩张、殖民掠夺，是以牺牲别国利益为代价的。

实际上，学术界也掀起过对西方现代化进行批判的思潮，很多西方学者例如英国著名社会学家安东尼·吉登斯和马丁·阿尔布劳，都曾对西方现代性进行反思，认为其具有破坏性和不人道的一面，并导致了很多传统文化的消失，提出全球性、全球化概念以超越现代性、

① 《毛泽东选集》第2卷，人民出版社1991年版，第628页。

② 杨元勇等：《卡塔尔世界杯：对西方抹黑说不》，新华社，2022年11月23日。

现代化。[①]美国哲学家马尔库塞批评资本主义现代化造成“单向度的人”[②]。但是，不改变资本主义制度本质和以资本为中心的全球化，人类就无法走出旧的人类文明形态。可以说，西方现代化经验都是基于发达国家的高标准，发展中国家直接复制这样的“模板”，结果纷纷陷入中等收入陷阱，极少数实现现代化的也成为美西方的附庸国。

“人类文明新形态”是习近平总书记在庆祝中国共产党成立100周年大会上的讲话中提出的新概念。习近平总书记指出，中国特色社会主义是党和人民历经千辛万苦、付出巨大代价取得的根本成就，是实现中华民族伟大复兴的正确道路。我们坚持和发展中国特色社会主义，推动物质文明、政治文明、精神文明、社会文明、生态文明协调发展，创造了中国式现代化新道路，创造了人类文明新形态。[③]《中共中央关于党的百年奋斗重大成就和历史经验的决议》指出，一百年来，党领导人民进行伟大奋斗，在进取中突破，于挫折中奋起，从总结中提高，积累了宝贵的历史经验，这就是：坚持党的领导，坚持人民至上，坚持理论创新，坚持独立自主，坚持中国道路，坚持胸怀天下，坚持开拓创新，坚持敢于斗争，坚持统一战线，坚持自我革命。

---

① ［英］安东尼·吉登斯著，田禾译：《现代性的后果》，译林出版社2000年版。

② ［美］赫伯特·马尔库塞著，刘继译：《单向度的人：发达工业社会意识形态研究》，上海译文出版社2008年版。

③ 习近平：《在庆祝中国共产党成立100周年大会上的讲话》，人民出版社2021年版，第13—14页。

第五章

“一带一路”与世界共同现代化

中国正在以中国式现代化全面推进强国建设、民族复兴伟业。我们追求的不是中国独善其身的现代化，而是期待同广大发展中国家在内的各国一道，共同实现现代化。世界现代化应该是和平发展的现代化、互利合作的现代化、共同繁荣的现代化。

“既造福中国人民、又促进世界共同发展”；“我们追求的不是中国独善其身的现代化，而是期待同广大发展中国家在内的各国一道，共同实现现代化”。[①]新时代以来，中国式现代化蕴含的独特世界观、价值观、历史观、文明观、民主观、生态观及其伟大实践，不仅是对世界现代化理论和实践的重大创新，更展现出不同于西方现代化模式的新图景，代表了人类文明进步的发展方向，为人类探索更好的社会制度提供了中国方案。

① 任仲平:《为强国建设、民族复兴提供坚强思想保证、强大精神力量、有利文化条件——论深入学习贯彻习近平文化思想》,《人民日报》2024年2月6日，第1版。

第一节
共商：战略对接

一、“一带一路”倡议助力共同现代化

为什么“一带一路”倡议得到了那么多国家的积极响应？因为“一带一路”倡议激活了其他国家，尤其是发展中国家实现自主现代化的梦想，吹响了分享中国现代化经验的号角。在现有全球化体系中，在西方主导的国际秩序里，广大发展中国家是很难实现现代化的。“一带一路”开创了共同现代化的道路，通过战略对接，助推各国将命运掌握在自己手里；通过互联互通，实现命运与共，构建人类命运共同体。例如，“一带一路”对接非洲联盟《2063年议程》的口号是“对接中国、面向世界的‘非洲制造’”。西方的现代化是掠夺性的、扩张的，是零和博弈的。西方主导的全球化体系容忍其他国家实现现代化的程度是有限的，一些西方国家甚至在非洲推行去工业化。一些西方国家不希望其他国家过上与其同样的生活，因为地球资源有限，他们希望能继续主导国际事务。中国的成功打破了以西方为中心的现代化神话，极大程度上鼓舞了其他国家实现现代化的信心。我们强调在独立自主的情况下实现现代化，成为自己，而不是成为西

方，更不异化。中国的发展给那些既要实现现代化，同时想要维护自身独立性的国家提供了全新的选择。这些国家从中学习到了“并联式”路径和有效市场与有为政府双轮驱动等经验，不再迷信西方现代化的“串联式”路径及新自由主义神话。

更重要的是，我们强调的现代化目标是服务于人民幸福、民族复兴、世界大同。这与坚持中国共产党领导、坚持走社会主义道路密不可分。中国的现代化经验、现代化模式是包容的、可持续的、可分享的。共建“一带一路”追求的是发展，崇尚的是共赢，传递的是希望。2019年4月，在第二届“一带一路”国际合作高峰论坛记者会上，习近平主席指出，共建“一带一路”应潮流、得民心、惠民生、利天下。“一带一路”倡议不是主动去解构所谓的“西方中心论”，而是去解决“西方中心论”带给世界的问题。21世纪是互联互通的世纪，无论是技术、模式、理念都在解构中心、打破“中心-边缘”体系，西方已很难维持中心地位。不少发达国家，民粹主义、保护主义上升，产业空心化严重，不再是全球化主发动机。在这种情况下，应讲清楚“一带一路”不是主动挑战西方中心，而是时代变化使然。全球化从“中心-边缘”体系朝本土化、区域化方向演变；全球供应链从越来越长和成本最低、利润最大，朝分散、多元、自主、可控、韧性、安全方向演变。全球治理越来越呈现出多中心的网格状分布，而不再是单一中心。

中国在工业、农业、国防和科技现代化基础上提倡国家治理体系和治理能力现代化，丰富了人类现代化的定义，开创人类现代化新文明。在国内以人民为中心、在国际上倡导人类命运共同体，这些都使“一带一路”推行的开放、包容、可持续、可分享、以人为本的现代化正打破西方现代化的垄断，鼓励更多国家走符合自身国情的现代化道路，成就世界的多样性。

二、“一带一路”的全球化效应

“一带一路”从理念化为行动，从愿景变成现实，从谋篇布局的大写意进入精耕细作的高质量发展阶段，搭建起规模最大的国际合作平台，为全球治理体系变革提供了东方智慧，成为推动构建人类命运共同体的生动实践，在世界发展史上具有重要里程碑意义。

共建“一带一路”是习近平总书记深刻思考人类前途命运以及中国和世界发展大势，推动中国和世界合作共赢、共同发展作出的重大决策。坚持以共商共建共享为原则推动“一带一路”建设，既对新时代我国开放空间布局进行了统筹规划，又对中国与世界实现开放共赢的路径进行了顶层设计，是新时代中国特色大国外交的重大创举，是我国今后相当长时期对外开放和对外合作的管总规划，是我们党关于对外开放理论和实践的重大创新。

共建“一带一路”，顺应世界发展大势和时代进步要求，着眼于推动构建人类命运共同体，已经从理念转化为行动，从愿景转变为现实，也成为当今世界规模最大的国际合作平台和最受欢迎的国际公共产品。

回顾过去10年的发展，可以看出，共建“一带一路”具有三重效应：

一是国内效应。对新时代我国开放空间布局进行了统筹规划，对中国与世界实现开放共赢的路径进行了顶层设计，提高了国内各区域开放水平，拓展了对外开放领域，推动了制度型开放。

二是中国与世界的合作效应。搭建了世界各国广泛参与的国际合作平台，为全球治理体系改革提供了中国方案，成为推动构建中国与世界命运共同体的生动实践。

三是全球效应。主要表现在：共建“一带一路”是构建人类命运共同体的重要实践平台，推动全球化转型从新自由主义全球化向发展导向全球化、包容性全球化转型；聚焦基础设施建设这一最大实体经济投资，助推世界经济脱虚向实，消除全球金融危机产生的根源；发掘世界经济新增长点，实现共建国内部、跨国和区域的互联互通，引领了疫情后全球地区化和分布式合作模式；增强发展中国家在全球治理中的分量，完善全球治理结构。

经历新冠疫情考验，“一带一路”建设的韧性凸显。2022年前11个月中国与“一带一路”合作伙伴贸易额逆势增长，中欧班列开行数量再创新高，一大批标志性项目全面开花，东盟第一条高速铁路试验运行，柬埔寨第一条高速公路正式通车，中老铁路开通交出亮眼成绩单，匈塞铁路、克罗地亚跨海大桥有效改善了当地交通，这些都标注了国际经济合作新高度，打造了促进各国发展的新引擎。

党的二十大报告在总结新时代成就和展望未来时，两次提及“一带一路”，特别强调要推动共建“一带一路”高质量发展从要素投入型向创新驱动型转变。具体要求，就是坚持开放、绿色、廉洁理念，不搞封闭排他的小圈子，把绿色作为底色，推动绿色基础设施建设、绿色投资、绿色金融，保护好我们赖以生存的共同家园。坚持一切合作都在阳光下运作，共同以零容忍态度打击腐败。努力实现高标准、惠民生、可持续目标，引入各方普遍支持的规则标准，推动企业在项目建设、运营、采购、招投标等环节按照普遍接受的国际规则标准进行，同时要尊重各国法律法规。构建全球互联互通伙伴关系，走出一条互利共赢的康庄大道。

近年来，世界经济形势严峻，发达经济体纷纷陷入滞胀，美国还推动“脱钩”“断供”，大搞全球板块化。那么，全球化何去何从？世界各国越来越将目光投向“一带一路”。“一带一路”的全球化效应日益显现：

全球本土化：越来越多小而美的“一带一路”项目落地生根，助力全球本土化进程。后疫情时代，“一带一路”加速对接全球发展倡议和全球安全倡议，以新安全格局保障新发展格局。

全球地区化：中国推动RCEP升级，申请加入CPTPP。“一带一路”的对接从中国与共建国家的双边发展战略对接，转向与已有区域合作机制深度对接，如上海合作组织、金砖国家、东盟、阿盟、非盟等。

再全球化：传统全球化动能下降，但数字全球化方兴未艾。“一带一路”的数字转型、绿色转型推动全球数字倡议落地。同时，推动数字、绿色、健康转型，加强开放包容的区域互联互通，推动全球化向开放包容、普惠、平衡和共赢方向发展。

党的二十大擘画了以中国式现代化全面推进中华民族伟大复兴的宏伟蓝图。立己达人，在中国式现代化基础上，中国通过“一带一路”国际合作，开创世界共同现代化，构建人类命运共同体，创造人类文明新形态。第三届“一带一路”国际合作高峰论坛总结成就、擘画蓝图，让这条造福世界的“发展带”更加繁荣、惠及人类的“幸福路”更加宽广。

“一带一路”建设为各国搭建了国际合作平台，为全球治理体系改革提供了中国方案，是推动构建人类命运共同体的生动实践，受到国际社会普遍欢迎，在世界发展史上具有重要里程碑意义。

第二节

共建：互联互通

共建“一带一路”是习近平主席顺应世界发展大势和时代进步要求，着眼推动构建人类命运共同体提出的重大倡议。10多年来，共建“一带一路”倡议从理念转化为行动，从愿景转变为现实，成为当今世界规模最大的国际合作平台和最受欢迎的国际公共产品，既彰显了中国式现代化的世界意义，也是实现“世界版共同富裕”的生动实践，推进人类共同现代化的伟大事业，让世界更加美好。

回顾过去，第一届“一带一路”国际合作高峰论坛强调发展导向，发展是解决一切问题的总钥匙；第二届“一带一路”国际合作高峰论坛则强调要在发展中规范、在规范中发展，推动“一带一路”高标准、高质量发展。第一届讲问题导向，即解决和平、发展、治理三大赤字；第二届讲目标驱动，即要构建人类命运共同体。2023年9月，在第三届“一带一路”国际合作高峰论坛前夕发布的《携手构建人类命运共同体：中国的倡议与行动》白皮书指出，“一带一路”倡议助推发展中国家现代化的进程，促进跨大洲协力合作进入新时代。[①]此后，构建人类命运共同体既有生动实践，又有目标方向，也有实现路径。

“一带一路”从“可爱的中国”到“可爱的世界”，由内而外，立己达人，彰显中国共产党人为人民谋幸福、为民族谋复兴、为人类谋进步、为世界谋大同的初心。

一、解放“全球南方”生产力，以中国式现代化推动各国共同现代化

现代化的本质是人的现代化。到目前为止，西方实现现代化的人口不超过10亿，国家和地区不到30个。占世界人口八成的发展中国家普遍没有实现现代化。当下的全球地缘政治博弈核心是世界秩序主导权（资源分配权和发展权）的竞争。几千年过去了，人类社会结构似乎依然维持古希腊时代的范式，即“10%自由民，90%奴隶”。“全球南方”国家人口占全球人口的七成。在欠发达国家生活的人口约占世界总人口数量的12%，但这些国家的国内生产总值（GDP）之和占世界总和的比重却不到2%，其贸易额也只占世界贸易额的1%左右。

究其原因，西方现代化是以牺牲别的国家不能实现现代化为代价的，少数实现现代化的国家都是依附于西方的国家。在中国式现代化实现前，没有国家相信能通过独立自主的方式实现现代化，发展中国家普遍效仿西方现代化，存在明显的宗主国崇拜、霸权依附现象。中国式现代化的成功之道是走符合自身国情的现代化道路，这极大鼓舞了共建“一带一路”国家，打破“现代化＝西方化”的迷思。这是

① 中华人民共和国国务院新闻办公室：《携手构建人类命运共同体：中国的倡议与行动》，人民出版社2023年版，第36页。

“一带一路”吸引力的源泉，彰显了中国式现代化的世界意义。

2023年10月18日，在第三届“一带一路”国际合作高峰论坛开幕式上的主旨演讲中，习近平主席指出，“我们追求的不是中国独善其身的现代化，而是期待同广大发展中国家在内的各国一道，共同实现现代化。世界现代化应该是和平发展的现代化、互利合作的现代化、共同繁荣的现代化。……中方愿同各方深化‘一带一路’合作伙伴关系，推动共建‘一带一路’进入高质量发展的新阶段，为实现世界各国的现代化作出不懈努力”①。

西方经济学推崇的是“帕累托最优”，即在不减少他人利益的情况下实现个体的利益最大化；“一带一路”则崇尚“孔子改进”，即在自我利益提升的同时提高他人所得，正所谓“己欲立而立人，己欲达而达人”。改革开放前，中国人均收入只有非洲撒哈拉沙漠以南国家人均收入的三分之一。但是今天中国已经成为全球最大、最具活力的制造业中心，生产全球一半的钢铁，全球60%的水泥，世界四分之一以上数量的汽车。中国目前也是全球最大的专利申请国，申请总数已经超过了美国和日本的总和。中国还是全球最大的一系列的工业产品和农产品的生产国。而且，中国崛起不是靠殖民主义、帝国主义和战争，它带给全世界经济的拉动力量相当于当年大英帝国崛起时的100倍，相当于当年美国崛起时的20倍。近10年来，中国制造业产值超过七国集团制造业的总和。中国目前是全球唯一拥有联合国产业分类中全部工业门类的国家，包括41个工业大类、207个中类、666个小类。中国可以生产从火柴到火箭，从味精到卫星，从螺母到航母

---

① 习近平：《建设开放包容、互联互通、共同发展的世界——在第三届“一带一路”国际合作高峰论坛开幕式上的主旨演讲》，人民出版社2023年版，第7—8页。

几乎所有的东西。因此，中国建设“一带一路”效率最高，成本最低，能历史性地推动世界各国的现代化。

二、改良全球生产关系，破除二元性与“中心-边缘”结构

“一带一路”沿线国家普遍存在二元性，即经济基础是发展中国家的，而思维方式、意识形态是西方式的。《联合国宪章》贯穿主权平等原则。但是，国家主权能力不平等，始终拷问联合国的灵魂。构建人类命运共同体既捍卫了联合国为中心的国际秩序、国际体系，同时也进一步强化了联合国所确立的主权平等上升到能力平等、结果平等。既实现联合国提出的目标，同时又超越单纯地从国家层面来看待世界事务，树立真正的世界历史观，塑造新型国际关系。

德国未来学家霍克斯说，当今世界就像电脑系统一样需要系统重置。全球化的底层逻辑现在看起来暴露无遗，需要通过“一带一路”合作、构建新型国际关系进行改善。

共建“一带一路”坚持平等、互鉴、对话、包容的文明观，坚持弘扬全人类共同价值，共建各美其美、美美与共的文明交流互鉴之路，推动形成世界各国人文交流、文化交融、民心相通新局面。

“一带一路”国际合作正在破除“中心-边缘”体系。从殖民时代开始，人类社会的发展总是以部分国家的牺牲为代价的，其根本原因是资源有限和分配不公。传统全球化模型中由于发达国家掌握了资本和核心技术，在“中心-边缘”体系下，它们攫取了大量的非对称利益。“一带一路”国际合作通过发展战略对接、国际产能合作、开发第三方市场等方式，打造全球互联互通伙伴网络，推行分布式、网格状分工模式，逐步破除了近代殖民体系、当代霸权体系塑造的“中

心–边缘”格局。

三、赋能全球化，推动全球化朝向开放包容均衡普惠共赢方向发展

聚焦基础设施、互联互通，增强全球发展动能。“一带一路”通过基础设施互联互通带来了国际投资的催化剂效果，激发了全球对基础设施投资的兴趣和热情，推动产业集群式发展。既有利于共建国家经济成长和增益发展，又能有效解决国际公共产品供给不足问题，为世界经济增长提供持续动力。

深化区域经济合作。共建“一带一路”依托基础设施互联互通，推动各国全方位多领域联通，由点到线再到面，逐步放大发展辐射效应，推动各国经济政策协调、制度机制对接，创新合作模式，开展更大范围、更高水平、更深层次的区域合作，共同打造开放、包容、均衡、普惠的区域经济合作框架，促进经济要素有序自由流动、资源高效配置和市场深度融合，提升国家和地区间经济贸易关联性、活跃度和共建国家在全球产业链供应链价值链中的整体位置。

促进全球贸易发展。共建“一带一路”有计划、有步骤地推进交通、信息等基础设施建设和贸易投资自由化便利化，消除了共建国家内部、跨国和区域间的交通运输瓶颈及贸易投资合作障碍，极大提升了对外贸易、跨境物流的便捷度和国内国际合作效率，构建起全方位、多层次、复合型的贸易畅通网络，推动建立全球贸易新格局，对全球贸易发展发挥了重要促进作用。同时，共建“一带一路”增强了参与国家和地区对全球优质资本的吸引力，提升了其在全球跨境直接投资中的地位。

共建“一带一路”有助于维护全球供应链稳定，有效应对逆全球

化干扰。共建“一带一路”致力于实现世界的互联互通和联动发展，进一步打通经济全球化的大动脉，畅通信息流、资金流、技术流、产品流、产业流、人员流，推动更大范围、更高水平的国际合作，既做大又分好经济全球化的蛋糕，努力构建普惠平衡、协调包容、合作共赢、共同繁荣的全球发展格局。

四、完善全球治理，以共商共建共享原则超越强者逻辑与规则锁定

西方政治主导下的全球治理中存在普遍的先发优势、规则锁定、路径依赖现象，“全球南方”国家普遍对联合国治理结构不满。从英国“脱欧”、土耳其和塞尔维亚对加入欧盟的失望以及乌克兰危机中，可以窥见西方设计的全球治理结构具有明显的排他性。人类命运共同体倡导共商共建共享的新型全球治理观，并在“一带一路”国际合作中得到充分体现，吸引到占联合国四分之三以上国家的积极参与和热烈响应。在人类命运共同体理念指引下，中国还倡导构建以合作共赢为核心的新型国际关系，深化拓展平等、开放、合作的全球伙伴关系，深持“和平发展始终是主旋律，合作共赢始终是硬道理”。

共建“一带一路”塑造了人们对世界的新认知新想象，开创了国际交往的新理念新范式，推动全球治理体系朝着更加公正合理的方向发展，引领人类社会走向更加美好的未来。

共建“一带一路”为完善全球治理提供新方案。共商共建共享等共建“一带一路”的核心理念被写入联合国、中非合作论坛等国际组织及机制的重要文件。共建“一带一路”恪守相互尊重、平等相待原则，坚持开放包容、互利共赢，坚持维护国际公平正义，坚持保障发展中国家发展权益，是多边主义的生动实践。共建“一带一路”坚决

维护联合国权威和地位，着力巩固和加强世界贸易组织等全球多边治理平台的地位和有效性，为完善现有多边治理机制注入强劲动力。共建“一带一路”积极推进亚洲基础设施投资银行等新型多边治理机制建设，加快与合作方共同推进深海、极地、外空、网络、人工智能等新兴领域的治理机制建设，丰富拓展了多边主义的内涵和实践。共建“一带一路”增强了发展中国家和新兴经济体在世界市场体系中的地位和作用，提升了其在区域乃至全球经济治理中的话语权，更多发展中国家的关切和诉求被纳入全球议程，对改革完善全球治理意义重大。

共建“一带一路”有助于推动全球治理规则创新优化。共建“一带一路”充分考虑到合作方在经济发展水平、要素禀赋状况、文化宗教传统等方面的差异，不预设规则标准，不以意识形态划线，而是基于各方的合作诉求和实际情况，通过充分协商和深入交流，在实践中针对新问题共同研究创设规则。共建国家实现战略对接、规划对接、机制对接、项目及规则标准对接与互认，不仅让共建“一带一路”合作规则得到优化，促进了商品要素从流动型开放向规则制度型开放转变，更形成了一些具有较强普适性的规则标准，有效地填补了全球治理体系在这些领域的空白。

总之，共建“一带一路”以构建人类命运共同体为最高目标，并为实现这一目标搭建了实践平台、提供了实现路径，推动美好愿景不断落实落地，是完善全球治理的重要公共产品。“一带一路”推动构建人类命运共同体，遵循的全球经济政治学逻辑可概括为：首先是补短板，促进基础设施与产业集群建设（硬联通）；其次是调结构，促进互联互通与共商共建共享（软联通）；再次是转观念，走符合自身国情的现代化道路（心联通）。因此，“一带一路”在人类发展史上具有重要里程碑意义。

如果说“一带一路”主要是解放生产力，人类命运共同体则是重塑生产关系的底层逻辑，而生产关系也会反作用于生产力。“一带一路”是构建人类命运共同体的重大实践，人类命运共同体则将引领“一带一路”建设行稳致远。

第三节

共享：孔子改进

西方经济学中有一个重要名词叫“帕累托最优”，指的是在一个社群中发起一个行动时，只要没有人的福利受到损害，哪怕只有一个人的福利因此得到改进，那就是资源分配的一种最优路径。有学者在此基础上提出了“孔子改进”，即孔子说的“己欲立而立人，己欲达而达人”。[①]“一带一路”是作为世界经济增长火车头的中国，将自身的产能优势、技术与资金优势、经验与模式优势转化为市场与合作优势，将中国机遇变成世界机遇，融通中国梦与世界梦的过程。

器物层面：物质性公共产品。全球金融危机爆发以来，中国成为世界经济增长的主要引擎，近三成的世界经济增长来自中国经济的拉动，超过第二位美国的贡献。“一带一路”倡议在推动国际社会实现联合国2030年可持续发展目标方面起到了重要作用。中国倡议探讨

① “和谐策略可以理解为一个强化了双赢效果的帕累托改进升级版，它能够解决一般帕累托改进难以避免的单边受益问题。只有和谐策略才能产生从同样满意的普遍受惠的利益改进。我愿意将这一和谐策略称为‘孔子改进’（Confucian Improvement）从纪念孔子的一个简练优美的表述。”参见赵汀阳：《共在存在论：人际与心际》，《哲学研究》2009年第8期。

构建全球能源互联网，推动以清洁和绿色方式满足全球电力需求，就是其中典型例子。彭博社引用麦肯锡咨询公司的报告预测，到2050年，“一带一路”有望振兴给世界经济增长贡献80%的地区，新增30亿中产阶级。

全球金融危机爆发前，国际贸易增长速度是世界经济增速的两倍，之后却低于世界经济增速。这是全球化逆转的重要原因。“一带一路”新增的贸易量给经济全球化打了一剂强心针，带来了希望。不仅如此，“一带一路”建设推动中国与沿线国家的自贸区、投资协定谈判，并强调与沿线各国发展战略和已有的合作机制对接，推动全球层面的投资协定谈判进程。

正如习近平总书记于2016年8月17日在推进“一带一路”建设工作座谈会上的讲话中指出的，以“一带一路”建设为契机，开展跨国互联互通，提高贸易和投资合作水平，推动国际产能和装备制造合作，本质上是通过提高有效供给来催生新的需求，实现世界经济再平衡。特别是在当前世界经济持续低迷的情况下，如果能够使顺周期下形成的巨大产能和建设能力走出去，支持沿线国家推进工业化、现代化和提高基础设施水平的迫切需要，有利于稳定当前世界经济形势。①

制度层面：制度性公共产品。中国发起成立丝路基金、亚洲基础设施投资银行等新型多边金融机构，促成国际货币基金组织完成份额和治理机制改革。丝路基金、亚投行、金砖国家新开发银行和“一带一路”，是“源于中国而属于世界”的制度设计贡献。亚投行不仅激励国际金融体系变革，也在开创21世纪全球治理新路径。“一带一

---

① 习近平：《论坚持推动构建人类命运共同体》，中央文献出版社2018年版，第357页。

路”聚焦构建互利合作网络、新型合作模式、多元合作平台，倡导政策沟通、设施联通、贸易畅通、资金融通、民心相通等“五通”，旨在构建互利合作网络、新型合作模式、多元合作平台，携手打造绿色丝绸之路、健康丝绸之路、智力丝绸之路、和平丝绸之路，为全球治理贡献中国方案。

精神层面：观念性公共产品。为什么“一带一路”能够在世界上引起这么大反响？因为其在解决世界日益增长的国际公共产品的需求与落后的供给能力之间的矛盾，旨在帮助实现联合国2030年可持续发展议程。2016年4月12日，中国与国际组织签署首份“一带一路”合作文件，即《中华人民共和国外交部与联合国亚洲及太平洋经济社会委员会关于推进地区互联互通和“一带一路”倡议的意向书》。2016年9月19日，《中华人民共和国政府与联合国开发计划署关于共同推进丝绸之路经济带和21世纪海上丝绸之路建设的谅解备忘录》在纽约联合国总部签署，这是中国政府与联合国专门机构签署的第一份共建“一带一路”的谅解备忘录，是国际组织参与“一带一路”建设的一大创新。2016年11月17日，第71届联合国大会协商一致通过的关于阿富汗问题第A/71/9号决议指出，明确欢迎“一带一路”重要倡议，敦促各国通过参与“一带一路”，促进阿富汗及地区经济发展，呼吁国际社会为开展“一带一路”倡议建设提供安全保障环境。这是自2016年3月安理会第2274号决议首次纳入“一带一路”倡议内容后，联合国193个会员国一致赞同“一带一路”倡议载入联大决议。2017年1月18日，中国政府与世界卫生组织签署《关于“一带一路”卫生领域合作的谅解备忘录》。“一带一路”与联合国和平与发展事业全面对接。

“一带一路”更是通过激活“和平合作、开放包容、互学互鉴、互利共赢”的丝路精神，探寻21世纪人类共同价值体系，建设人类命运共同体，展示了全球治理的东方智慧。2017年2月10日，联合国社会发展委员会第55届会议协商一致通过“非洲发展新伙伴关系的社会层面”决议，呼吁国际社会本着合作共赢和构建人类命运共同体的精神，加强对非洲经济社会发展的支持。这是联合国决议首次写入“构建人类命运共同体”理念。2017年3月17日，联合国安理会一致通过关于阿富汗问题的第2344号决议，呼吁国际社会凝聚援助阿富汗共识，通过“一带一路”建设等加强区域经济合作，敦促各方为“一带一路”建设提供安全保障环境、加强发展政策战略对接、推进互联互通务实合作等。该决议强调，应本着合作共赢精神推进地区合作，以有效促进阿富汗及地区安全、稳定和发展，构建人类命运共同体。2017年3月23日，联合国人权理事会第34次会议通过关于“经济、社会、文化权利”和“粮食权”两个决议，决议明确表示要“构建人类命运共同体”。这是人类命运共同体理念首次载入人权理事会决议，标志着这一理念成为国际人权话语体系的重要组成部分。2017年11月1日，第72届联大负责裁军和国际安全事务的第一委员会会议通过了“防止外空军备竞赛进一步切实措施”和“不首先在外空放置武器”两份安全决议，“构建人类命运共同体”理念再次载入这两份联合国决议。

人类命运共同体思想继承和弘扬了《联合国宪章》的宗旨和原则，是全球治理共商、共建、共享原则的核心理念，超越消极意义上“人类只有一个地球，各国共处一个世界”，形成积极意义上的“命运相连，休戚与共”，不仅在物质层面，还在制度、精神层面上求同存异、聚同化异，塑造“你中有我、我中有你”的人类新身份，开创天下为公、世界大同的人类新文明。天下大势，合久必分，分久必合。今天的“合”，就是超越国家的狭隘、利益差异，建立以合作共赢为核心的新型国际关系。人类命运共同体着眼于人类文明的永续发展，推动建立文明秩序，超越狭隘的民族国家视角，树立人类整体观，让中国站在国际道义制高点上。

在人类社会处于一个新起点上时，世界是朝向开放、包容还是封闭、极端？这是21世纪之问。中国的回答是世界是通的，提出以“五通”为内容的互联互通方案。正如当年格劳秀斯提出国际法概念，从“海洋是公的”入手，而不是去争夺葡萄牙、西班牙所瓜分的世界陆地，从而为荷兰崛起为“海上马车夫”提出了更加包容性理念一样，构建人类命运共同体理念将成为中国特色社会主义理论体系集大成者。美国战略家康纳在《超级版图》一书中提出，互联互通决定21世纪国际竞争力。基础设施互联互通，尤其体现了“一带一路”的公共产品属性和民生、发展导向。根据世界银行的统计数据，发展中国家目前每年基建投入约1万亿美元，要想保持目前的经济增速和满足未来的需求，到2030年，全球预计将需要57万亿美元的基础设施投资。全球基础设施投资将增加发达国家的出口，为其创造结构性改革空间。中医说，“通则不痛，痛则不通”。当今世界的治理难题，多体现“不通”之痛。2014年11月8日，习近平主席在北京举行的“加强互联互通伙伴关系”东道主伙伴对话会上的讲话中曾指出：如果将“一带一路”比喻为亚洲腾飞的两只翅膀，那么互联互通就是两只翅膀的血脉经络。[①]世界发展情势表明，“五通”承载着经济发展、全球治理、全球化的希望。

总之，我们要自信推进“一带一路”建设，推动实现中华民族伟大复兴中国梦，推动构建人类命运共同体，自觉抵制唱衰“一带一路”言论，自觉践行“一带一路”倡议，统筹各项事业，深化互利共

① 习近平：《论坚持推动构建人类命运共同体》，中央文献出版社2018年版，第168页。

赢开放战略，推进形成更加宽广多元的对外开放格局，积极维护多边贸易体制主渠道地位，促进国际贸易和投资自由化便利化，反对一切形式的保护主义，全力推动构建开放型世界经济。

“穷则变，变则通，通则久。”用《易经》的这句话来形容改革开放的世界意义，是再恰当不过的了。“穷则变”的“变”就是改革开放，拿邓小平同志的话来讲就是“不搞改革开放，只有死路一条”；“变则通”的“通”就是“一带一路”主张的互联互通（“五通”）；“通则久”的“久”，就是成久远，推动构建人类命运共同体。改革开放的重要经验在此也得到了很好体现：问题导向——“一带一路”是为了解决和平赤字、发展赤字、治理赤字的世界问题；目标驱动——构建人类命运共同体。既要坚持高标准，又要因地制宜、循序渐进。

习近平主席强调：“在‘一带一路’建设国际合作框架内，各方秉持共商、共建、共享原则，携手应对世界经济面临的挑战，开创发展新机遇，谋求发展新动力，拓展发展新空间，实现优势互补、互利共赢，不断朝着人类命运共同体方向迈进。这是我提出这一倡议的初衷，也是希望通过这一倡议实现的最高目标。”[①]作为联系改革开放让中国富起来，到推动构建人类命运共同体让中国强起来的纽带，“一带一路”彰显了改革开放的世界意义，彰显了“四个自信”在国际层面的含义。

---

① 习近平：《论坚持推动构建人类命运共同体》，中央文献出版社2018年版，第443—444页。

第六章

中国式现代化如何推动构建人类命运共同体

中国式现代化的本质要求是：坚持中国共产党领导，坚持中国特色社会主义，实现高质量发展，发展全过程人民民主，丰富人民精神世界，实现全体人民共同富裕，促进人与自然和谐共生，推动构建人类命运共同体，创造人类文明新形态。

1990年12月，关于如何处理不同文化之间的关系，费孝通先生提出了“各美其美，美人之美，美美与共，天下大同”的16字箴言。“一带一路”推动构建人类命运共同体也遵循了“各美其美，美人之美，美美与共”的逻辑。命运自主、命运与共、命运共同体，成为“一带一路”建设推动构建人类命运共同体的“三部曲”。

第一节

命运自主：走符合国情的现代化道路

2023年底召开的中央外事工作会议对构建人类命运共同体10年来的丰富实践进行了系统阐述、全面概括，明确了构建人类命运共同体作为一个科学体系的“四梁八柱”，那就是：以建设持久和平、普遍安全、共同繁荣、开放包容、清洁美丽的世界为努力目标，以推动共商共建共享的全球治理为实现路径，以践行全人类共同价值为普遍遵循，以推动构建新型国际关系为基本支撑，以落实全球发展倡议、全球安全倡议、全球文明倡议为战略引领，以高质量共建“一带一路”为实践平台，推动各国携手应对挑战、实现共同繁荣，形成了新征程上中国外交战略的顶层设计。

人类本来就是命运共同体，这是消极意义上的人类命运共同体，如新冠疫情、全球气候变化揭示的——我们都是地球村村民，生活在地球这个唯一的家园，类似佛家说的“共业”、道家说的“共天”。但是，儒家说的“共生”，需要自觉地追求，积极地构建。重要的是，要塑造你中有我、我中有你的共同身份，认识到我们生活在同一个时空里，而不是秉持线性进化世界观——欧盟的所谓“前现代-现代-后现代”、美国的所谓“我”或“我们”（us）是先进的，自诩站在历史正确一边，而认定“你”或“你们”（others）是落后的，站在历史错误一边。

人类命运共同体是事实，也是目标，还是一种理念，需要国际社会的共同努力，持久地去构建。

《携手构建人类命运共同体：中国的倡议与行动》白皮书指出：“‘一带一路’倡议助推发展中国家现代化的进程，促进跨大洲协力合作进入新时代。”[①]构建人类命运共同体既有生动实践，又有目标方向，也有实现路径。共建“一带一路”倡议从理念转化为行动，从愿景转变为现实，成为当今世界规模最大的国际合作平台和最受欢迎的国际公共产品。这既彰显了中国式现代化的世界意义，也是实现“世界版共同富裕”的生动实践，推进人类共同实现现代化伟大事业，让世界更美好。

作为长周期、跨国界、系统性的世界工程、世纪工程，“一带一路”如何推动构建人类命运共同体？

一、从历史维度看，“一带一路”开启文明“各美其美”的前景

从人类文明史看，“一带一路”不仅修订内陆文明从属于海洋文明、东方从属于西方的“西方中心论”，重塑均衡、包容的全球化文明，推动欧亚大陆回归人类文明中心地带，更重要的是，告别了西方垄断现代文明的普世价值神话，还原了文明多样性的世界原貌。

“一带一路”肩负推动人类文明大回归的历史使命。

---

① 中华人民共和国国务院新闻办公室：《携手构建人类命运共同体：中国的倡议与行动》，人民出版社2023年版，第36页。

首先是推动欧亚大陆回归人类文明中心。近代以来，西方文明勃兴于海洋，东方文明走向封闭保守，进入所谓的近代西方中心世界。直至美国崛起，西方中心从欧洲转到美国，欧洲衰落，历经欧洲一体化而无法从根本上挽回颓势。如今，欧洲迎来了重返世界中心地位的历史性机遇，这就是欧亚大陆的复兴。作为“世界岛”的欧亚大陆一体化建设将产生布热津斯基《大棋局》一书所说的让美国回归“孤岛”的战略效应，和让欧亚大陆重回人类文明中心的地缘效应，重塑全球地缘政治及全球化版图。

其次是改变边缘型国家崛起的近代化逻辑。近代以来，葡萄牙、西班牙、荷兰、英国相继从海洋崛起，并通过地理大发现与海上殖民确立世界霸权，直至二战后的美国。然而，这些国家皆非处于人类文明中心地带的文明古国，而是作为“世界岛”的欧亚大陆的边缘国家或海洋国家，故其称霸周期无一例外没有超过130年。“一带一路”推动大河文明和古老文明复兴，正在改变近代边缘型国家崛起的历史，纠偏海洋主宰大陆、边缘主宰核心的局面。

“一带一路”将人类四大文明——埃及文明、巴比伦文明、印度文明、中华文明，串在一起，通过由铁路、公路、航空、航海、油气管道、输电线路和通信网络组成的综合性立体互联互通，推动内陆文明、大河文明的复兴，推动发展中国家脱贫致富，推动新兴国家持续成功崛起。一句话，以文明共同复兴的逻辑超越了现代化的竞争逻辑。

在文明共同复兴基础上，“一带一路”开创文明秩序。

“一带一路”开创以文明国为基本单元的文明秩序，超越近代以民族国家为基本单元的国际秩序，实现了国际政治从地缘政治、地缘经济到地缘文明的跨越，从三个方面创新了文明的逻辑：

一是以文明交流超越文明隔阂。交流的前提是平等。近代以来，西方以先进文明自居，凭借工业文明优势通过坚船利炮打开各国大门进而殖民世界，摧毁了各种古老文明，打乱了其他文明的发展进程，造成巨大的文明隔阂和灾难。21世纪的今天，必须开创有别于近代的合作模式。不同于近代以来西方的殖民主义、帝国主义和霸权主义，以国际掠夺、竞争为常态而合作、妥协为非常态，也不同于战后西方对外援助等各种名目的国际合作模式，“一带一路”依靠中国与沿线国家已有的双边多边机制，借助既有的、行之有效的区域合作平台，高举和平、发展、合作的旗帜，主动地发展与沿线国家的经济合作伙伴关系，把中国现在的产能优势、技术优势、资金优势、经验和模式优势转化为市场与合作优势，将中国机遇变成世界机遇，融通中国梦与世界梦。

二是以文明互鉴超越文明冲突。互鉴的前提是尊重。尊重文明差异性在现实生活中的体现，就是尊重发展模式多样性，鼓励各国走符合自身国情的发展道路，建立文明伙伴关系，实现“美美与共、天下大同”。2013年10月，习近平主席于印度尼西亚国会发表演讲时提出“21世纪海上丝绸之路”时就特别强调建立海洋合作伙伴关系。其后，在多个国际场合他都明确表示，“一带一路”不搞势力范围，而是推动大家一起加入“一带一路”朋友圈，编织互利共赢的合作伙伴网络。

三是以文明进步超越文明优越感。进步的前提是学习。“凡益之道，与时偕行。”学习其他文明，学习时代新知识，才能与时俱进，适应时代发展需要，否则就会故步自封，在以自我为中心的优越感中被时代淘汰。当今世界，新产业革命和产业结构调整蓄势待发，国与国争夺的焦点在于创新，创新成为国家竞争力的来源和缩小南北国家差距的重要手段。中国逐渐成为创新领先者，提出的“一带一路”着眼于21世纪的全球化，以期推动人类文明创新和各种文明的共同进步。

从空间角度来讲，“一带一路”很大程度上帮助那些内陆国家寻找出海口，实现陆海联通，比如欧洲有通“三河”（易北河、多瑙河、奥得河）、“三海”（波罗的海、亚得里亚海、黑海）的千年梦想。“一带一路”激活了这一梦想，助推欧洲互联互通，形成中欧陆海快线、三海港区的大项目。另外一个是实现规模效应，现在欧洲越分越小，“一带一路”提出以后，能够把小国连通在一起，建立大市场，尤其把内陆和海洋连在一起，实现陆海联通。这是“一带一路”受欢迎的重要原因。

如果自己都觉得不美，“美美与共”就可能成为空话。“一带一路”充分展示美的自信和美的自觉，要成为自己，而非成为西方，要命运自主，而非命运依附。蒙内铁路在肯尼亚的官方名称是“Madaraka Express”，“Madaraka”在斯瓦希里语中的意思是“自治”“自立”。蒙内铁路增强了肯尼亚人自我发展的信心，让他们感到自豪。纳米比亚鲸湾港由中国港湾集团投资，采用了肯尼亚的“harambee”一词，在斯瓦希里语中为“齐心协力”之意。

二、从现实维度看，“一带一路”倡导“美人之美”，打造包容性全球化

从美的自信到美的自觉，“一带一路”以政策、设施、贸易、资金、民心的互联互通，正纠偏单向度全球化，以三大统筹——陆海统筹、内外统筹、政经统筹，实现内陆地区与沿海地区、国内外及政治与经济发展的再平衡，改变了广大发展中国家的二元经济结构。通过共同打造绿色丝绸之路、健康丝绸之路、智力丝绸之路、和平丝绸之路，抓住发展这个最大公约数，造福中国人民，更造福沿线各国人民。

“一带一路”投资基础设施，短期可创造就业、增加需求，长期

来说也能促进经济增长。发达国家基础设施老旧，仍有投资机会，而真正好的投资机会在发展中国家。亚洲地区每年基础设施投资所需资金约8000亿美元，非洲国家约5000亿美元，全世界总需求约20000亿美元。以“一带一路”建设为契机，开展跨国互联互通，提高贸易和投资合作水平，推动国际产能和装备制造合作，本质上是通过提高有效供给来催生新的需求，实现世界经济再平衡。特别是在当前世界经济持续低迷的情况下，我们如果能够使顺周期下形成的巨大产能和建设能力走出去，支持“一带一路”沿线国家推进工业化、现代化和提高基础设施水平的迫切需要，有利于稳定当前世界经济形势。

“一带一路”打造的包容性全球化，让老百姓在其中有更多的参与感、获得感和幸福感，可以说“一带一路”倡议是以人民为中心的全球化，是“南方国家”的全球化，这与跨国公司或少数利益集团把世界变成投资场所的全球化有本质的不同。

“一带一路”扬弃西式全球化，引领主场全球化：

一是打造开放、包容、均衡、普惠的合作架构。所谓开放，即从发展中国家向发达国家开放，到相互开放。所谓包容，即公平合理分享全球化成果，实现国与国、内陆与沿海之间的共同发展。所谓均衡，即南北均衡、产业均衡、地域均衡。所谓普惠，即让老百姓从全球化中有更多的获得感、参与感和幸福感。

二是创新合作模式、观念。作为对互联网时代的超越，万物互联、人机交互、天地一体的时代正在到来。“一带一路”的关键词不只是丝绸之路，而是21世纪；不是简单复兴古丝绸之路，而是借助古丝路记忆，在21世纪复兴丝路精神，推动中华文明转型，解决人类面临的普遍性问题。前者被称为“一带一路1.0”，后者被称为“一带一路2.0”。“一带一路2.0”开创“欧亚大陆时代2.0”——陆海联通、海洋时代2.0——深海时代，从地理大发现到时空大发现。“一带一路2.0”时代，空间拓展到赤道、北极，延伸到南美等，以开放包容精神，开创新的全球化，将中国传统“天地人”思维拓展到“天地人海空网”，实现人机交互、天地一体，万物互联，打造21世纪人类新文明，推动中国成为新的领导型国家，通过再造世界而再造中国。

总之，“一带一路”具有历史的合法性，因为丝绸之路是存在了两千年的，并不是新生的；有现实的合理性，要搞基础设施，要推动实体经济走出低迷，要消除贫富差距；还有未来的合情性，要引领国际合作的方向，探索新的合作模式，扬弃了西式全球化，通过打造绿色、健康、智力、和平的丝绸之路，共商、共建、共享利益、责任、命运共同体，开创主场全球化，以人民为中心，而非以资本为中心，开创全球化的新纪元。

三、从自身维度看，“一带一路”构建全球互联互通伙伴网络，实现“美美与共”

“一带一路”国际合作高峰论坛，第一届以发展为导向，强调发展是解决一切问题的总钥匙；第二届强调在发展中规范，在规范中发展，推动“一带一路”高标准、高质量发展，即开放、绿色、廉洁“一带一路”。第一届讲问题导向，解决和平、发展、治理三大赤字；第二届讲目标驱动，要构建人类命运共同体。

习近平主席在第二届“一带一路”国际合作高峰论坛开幕式上的主旨演讲中指出，共建“一带一路”，关键是互联互通。我们应该构建全球互联互通伙伴关系，实现共同发展繁荣。[①]构建全球互联互通

① 习近平：《论把握新发展阶段、贯彻新发展理念、构建新发展格局》，中央文献出版社2021年版，第320页。

伙伴关系，关键在联通，核心在伙伴。伙伴关系是新型国际关系的写照。不同于联盟体系的依附性、不平等性且有假想敌，伙伴关系着眼于各国命运自主、平等参与，不针对第三方。

全球互联互通伙伴，特别针对当今世界的三种现象：被联通，通往邻国的航班“取道巴黎”；联而不通，邻国间的心理距离比各自与西方的心理距离远，可谓“同床异梦”；通而不联，文明古国惺惺相惜，然缺乏互联。“一带一路”让天堑变通途，才能天涯若比邻，体会天涯共此时。不是外国的月亮更圆，而是共享一个月亮，即人类命运共同体。

一句话，“一带一路”源于历史，属于未来，源于中国，属于世界，是推进开放、包容、普惠、平衡、共赢新型全球化的倡议、践行人类命运共同体的合作平台和最受欢迎的国际公共产品。10多年来，“一带一路”取得丰硕成果，充分说明共建“一带一路”应潮流、得民心、惠民生、利天下。这就是“一带一路”的全球化逻辑。

第二节

命运与共：互联互通伙伴网络

2014年11月8日，习近平主席在北京举行的“加强互联互通伙伴关系”东道主伙伴对话会上发表题为《联通引领发展　伙伴聚焦合作》的重要讲话，宣布中国将出资400亿美元成立丝路基金，并提出了加强互联互通、深化“一带一路”合作的一系列建议。

党的二十大擘画了以中国式现代化全面推进中华民族伟大复兴的宏伟蓝图，在中国式现代化基础上推动人类共同现代化，构建人类命运共同体。报告指出，构建人类命运共同体是世界各国人民前途所在。万物并育而不相害，道并行而不相悖。只有各国行天下之大道，和睦相处、合作共赢，繁荣才能持久，安全才有保障。中国提出了全球发展倡议、全球安全倡议，愿同国际社会一道努力落实。中国坚持对话协商，推动建设一个持久和平的世界；坚持共建共享，推动建设一个普遍安全的世界；坚持合作共赢，推动建设一个共同繁荣的世界；坚持交流互鉴，推动建设一个开放包容的世界；坚持绿色低碳，推动建设一个清洁美丽的世界。

一、共建“一带一路”推动构建互联互通伙伴网络

“一带一路”构建人类命运共同体的路径也可作如下分析：

——坚持对话协商，推动建设一个持久和平的世界。

“一带一路”激活了“和平合作、开放包容、互学互鉴、互利共赢”的丝路精神，并在全球化时代予以弘扬，倡导战略对接，加强政治互信和文明互鉴，培育了和平的种子，超越了均势和平、霸权治下的和平等基于二元对立思维塑造的脆弱和平，更不用说这一进程伴随着冲突和战争。

——坚持共建共享，推动建设一个普遍安全的世界。

“一带一路”建设推动构建全球互联互通伙伴网络，秉持“你安全我最终才安全”相互安全理念，倡导各国秉持“共同、综合、合作、可持续的安全观”，超越了对立、排他、依附性的联盟体系，推动实现普遍安全的目标。

——坚持合作共赢，推动建设一个共同繁荣的世界。

世界银行于2019年发布的《“一带一路”经济学：交通走廊的机遇与风险》报告指出，“一带一路”倡议的全面实施可帮助至少3200万人摆脱中度贫困（日均生活费低于3.2美元），使全球和“一带一路”经济体的贸易额增幅分别达6.2%和9.7%，使全球收入增加2.9%。对于沿线低收入国家来说，外国直接投资增幅达到7.6%。

——坚持交流互鉴，推动建设一个开放包容的世界。

当今世界正经历百年未有之大变局。美西方国家宣称新自由主义全球化走向终结，以所谓“去风险”名义重组全球供应链、产业链，重组全球联盟体系和全球化体系，搞排他性、对抗性、依附性的科技地缘政治联盟。相反，“一带一路”始终秉持开放包容理念，反对脱

钩、断链，将全球区域化架构进行对接和联通，避免了体系的分割和对抗，捍卫了以联合国为中心的真正多边主义。

——坚持绿色低碳，推动建设一个清洁美丽的世界。

肯尼亚蒙内铁路沿线，长颈鹿不低头便能自由穿行于铁路桥下；行驶的中老铁路列车上，旅客欣赏着沿线四季常绿、站有花开；塞尔维亚百年钢厂斯梅代雷沃，绿色升级改造后重焕新生……高质量共建“一带一路”，绿色始终是鲜明底色。共建“一带一路”，就是一个共享现代化经验的过程，避免广大发展中国家走“先发展后治理”的老路、弯路。中国以具有竞争力的绿色低碳技术和可持续发展模式，助力共建“一带一路”国家实现绿色转型。

总之，“一带一路”建设的核心是构建全球互联互通伙伴网络，应潮流、惠民生、得民心、利天下。怎样实现互联互通呢？需要解决五大赤字问题：

一是解决被联通的问题（平等赤字）。有些国家和地区是通过别国（全球或地区霸权国家、前宗主国）联通在一起的，如两个接壤的非洲国家首都不能实现直航，而要绕道法国巴黎，不仅费时费力，造成的区域性“中心-边缘”体系，助长了不平等的依附体系。印度反对“一带一路”也是担心动摇其印度洋和印度次大陆的“中心-边缘”体系，污蔑“一带一路”包围印度。

二是不通不联的问题（发展赤字）。无论是国内、地区还是洲际，都有不通不联的问题。通上电、联上网，是“一带一路”践行中国改革开放“基础设施先行、产业集群跟上、经济园区夯实”的逻辑。“一带一路”对接非洲，于是首先着眼于“三网一化”——高速公路网、高速铁路网、区域航空网、基础设施工业化的推进。

三是联而不通的问题（信任赤字）。物理上是有联系的，但彼此之间有心理距离。哈萨克斯坦人曾说，尽管哈萨克斯坦与中国是邻国，但与中国的心理距离比与欧洲的更大，将首都从阿拉木图迁至阿斯塔纳就是例证。如今，中欧班列将中哈俄欧联在一起，形成欧亚大陆互联互通局面，使得前些年欧盟推出欧亚大陆互联互通战略文件与中国对接。

四是通而不联的问题（治理赤字）。心理上是相通的，但物理上没有联系。比如，早在张骞出使西域时就曾到达乌兹别克斯坦，但是中国和乌兹别克斯坦之间有着崇山峻岭，交通非常不便，近些年来中乌合作修了卡姆奇克隧道，让天堑变通途。

五是互联互通的问题（和平赤字）。巴勒斯坦与以色列是邻国，但空间的重叠并未带来情感上的认同。“一带一路”在中东未来前景是实现互联互通，助力构建持久和平、普遍安全、共同繁荣、开放包容、美丽清洁的命运共同体。海铁联运，通江达海，老挝从“陆锁国”变成“陆联国”，正在实现命运自主，是第一个与中国签署命运共同体文件的国家。

“一带一路”正在解决以上五大问题，有助于实现全球互联互通，实现横向的全球化、包容性的全球化，解放生产力。2021年11月19日，在出席第三次“一带一路”建设座谈会时，习近平总书记强调，把基础设施“硬联通”作为重要方向，把规则标准“软联通”作为重要支撑，把同共建国家人民“心联通”作为重要基础，推动共建“一带一路”高质量发展，取得实打实、沉甸甸的成就。[①]

中医说，“通则不痛，痛则不通”。当今世界正面临百年未有之大变局，世界之变、时代之变、历史之变加剧演进。西方主导的全球化让强者更强、弱者更弱，而互联互通是“一带一路”所倡导的“五通”之精髓，正在帮助发展中国家实现弯道超车、变道超车和共同复

① 《习近平谈治国理政》第4卷，外文出版社2022年版，第495页。

兴，开创包容性全球化。今天，以互联互通为核心的“一带一路”通过包容性技术、包容性制度，正在摒弃旧式全球化，开创全球化3.0版。

二、志同道合是伙伴　求同存异也是伙伴

在2014年北京亚太经合组织（APEC）工商领导人峰会上，习近平主席提出：“志同道合，是伙伴。求同存异，也是伙伴。”[①]这形象诠释了新时代中国外交理念和交友观。2024年，在秘鲁APEC工商领导人峰会上，中国发出邀约，将在2026年第三次举办APEC峰会。

面对复杂严峻的国际形势，中国倡导新型国际关系，致力于构建全球伙伴网络，其中有怎样的认知逻辑和时代意义呢？

伙伴关系是中国外交的重要标志和一道亮丽风景。中国愿本着对话而不对抗、结伴而不结盟的思路，与各国建立平等、开放、合作的伙伴关系。中国倡导的伙伴关系具有平等性、和平性和包容性的鲜明时代特征。要打造更加紧密的全球伙伴关系网络，扩大同各国利益交汇点，不断推进国际关系民主化。目前，中国已经同180多个国家建立外交关系，同110余个国家和国际组织建立了不同形式的伙伴关系，实现对大国、周边和发展中国家伙伴关系的全覆盖。中国愿意同各国开展友好合作，联结遍布全球的“朋友圈”，与各国人民结伴而行、共创美好未来。

我们为什么强调要建立各种伙伴关系？伙伴关系跟同盟关系有何不同？

中国提倡的伙伴关系，具有几个与以往传统国际关系理论不同的

---

① 《习近平外交演讲集》第1卷，中央文献出版社2022年版，第205页。

鲜明特征：

一是寻求和平合作。在全球化时代，任何一个国家的力量都是有限的，各国只有携手合作，才能有效应对日益增多的区域性风险和全球性挑战。中国倡导的伙伴关系不设假想敌，不针对第三方，致力于以共赢而非零和的理念处理国与国的交往，注重寻求各国共同利益的汇合点，为国际社会加强对话合作、避免冲突对抗提供了正能量。

二是坚持平等相待。世界各国有大有小、有强有弱、有贫有富，但都是国际社会的平等一员。中国倡导的伙伴关系以各国平等为原则，尊重各国主权、独立和领土完整，尊重彼此的核心利益和重大关切，尊重各国人民自主选择社会制度和发展道路，从根本上摒弃国际关系中以大欺小、以强凌弱、以富压贫的强权行径，为各国平等参与国际事务、推动国际关系民主化、法治化注入了新的动力。

三是倡导开放包容。海纳百川，有容乃大。中国倡导的伙伴关系顺应相互依存的世界大势，契合各国友好相处的普遍愿望，致力于在交流互鉴中取长补短，在求同存异中共同前进，避免了小集团政治带来的各种封闭与排斥。不同社会制度、不同意识形态的国家，也完全可以建立基于相同利益和追求的伙伴关系，构建起共同而非排他的“朋友圈”。

四是强调共赢共享。当今世界，赢者通吃、独善其身不但不合时宜，而且适得其反。谋求单方面的绝对安全只会使自己更不安全，只顾自身的发展终将失去前行的动力和空间。中国倡导的伙伴关系，旨在通过合作做大利益的蛋糕，分享成功的果实，实现共同的发展繁荣。

伙伴关系是中国倡导的新型国际关系的重要内涵，也是人类命运共同体理念的实施途径。习近平主席提出的“一带一路”倡议，是中国迄今为国际社会提供的最重要公共产品，也是中国构建伙伴关系的重要实践。这体现在：

——发展的伙伴。古丝绸之路是连接东西方的最重要纽带，因为历史的原因，古丝绸之路被阻，欧洲人走向海洋，更让内陆地区和国家边缘化。如今，“一带一路”倡议通过陆海联通、东西互济，互联互通，打造沿线国家、地区发展伙伴关系，消除沿海与内陆地区的发展差距和南北失衡状况，推动实现共同发展。

——合作的伙伴。在各国相互联接更为紧密的全球化时代，世界真正需要的不是单枪匹马的英雄，而是同舟共济的合作伙伴。在反全球化、逆全球化形势下，“一带一路”倡议倡导大国合作、开放包容，打造合作的伙伴关系，提升了世界的确定性。第二届“链博会”共签署合作协议和意向协议达210多项，涉及金额达1520多亿元，“找朋友”成为热词，供应链则成为“共赢链”，共建“一带一路”国家展商占比40%。

——治理的伙伴。“一带一路”倡议致力于打造开放、均衡、包容、普惠的新合作架构，推动全球治理体系变革，推动实现联合国2030年可持续发展目标，通过统筹协调、标本兼治的中国智慧，解决人类面临的治理碎片化难题。

——和平的伙伴。以发展促安全，以安全促和平，改变沿线地区贫困与冲突的恶性循环，是“一带一路”倡议的精髓之一。这在根本上有别于以第三方为假想敌的零和博弈、排他性思维。

2014年中欧提出共同打造和平、增长、改革、文明四大伙伴关系，2023年进一步提出愿将欧盟作为经贸合作的关键伙伴、科技合作的优先伙伴、产业链供应链合作的可信伙伴，对广泛意义的新型国际关系建设也起到很好的激励作用。

志同道合是伙伴，求同存异也是伙伴。中国的伙伴观是包容性的，尊重伙伴，而西方则是以自我为中心的志同道合（Like-minded partner），其实是顺之者昌的思维。中西方在底层思维逻辑上存在显著差异。中国哲学强调的是“道”，认为宇宙万物皆受“道”的统摄，追求自然和谐与伦理道德的统一。这与西方传统的“二元论”，将善与恶、物质与精神、自我与他者、战争与和平对立起来，形成鲜明对比。基于对抗的联盟体系往往是脆弱的，其构建逻辑缺乏真正的共同利益，联盟内部缺乏深层次的合作和信任。

在安全观上，中国传统更注重道德和集体的和谐，从而倡导一种基于合作、共赢的国际关系模式。这种模式认为全球问题需要各国共同协作解决，强调互利共生。而西方安全观则以个体主义、权力对抗和利益竞争为核心。根本的思维方式差异影响了中西方在国际关系和全球治理中的行为模式和战略选择。

中国传统文化中的阴阳转换辩证思维认为事物的发展是对立统一和相互转化的，万事万物在一个相互联系和影响的大系统中。阴阳不仅相对——“一阴一阳之谓道”，相互转换——“极而反，盛而衰”，还可相合——“道始于一，一而不生，故分而为阴阳，阴阳合和而万物生”。这种思维为中国提供了独特的视角来理解和处理复杂的安全挑战。以辩证思维来看，安全和发展不是相互独立的，而是互为因果、相辅相成的关系，安全和发展如同阴阳两面，不可分割。安全为发展提供必要的稳定条件，而发展则持续强化安全基础。同样，危与机也被视为一体，危中藏机，机中有危，危与机时刻处于转换之中，只要把握好机会就能化危为机。这种全面统筹的安全观帮助中国在全球舞台上更有效地应对挑战，推动国际关系平稳发展。

中国始终坚持独立自主的和平外交政策，在和平共处五项原则的基础上，同各国建立伙伴关系。一是坚定不移同广大发展中国家团结合作，逐渐形成“亲诚惠容”的周边外交理念、“真实亲诚”的对非外交政策理念与正确义利观等原则，展现出中国“结伴而不结盟”的交友观。二是积极构建新型大国关系，坚持“对话而不对抗、包容而不排他、融合而不脱钩”，为大国关系稳定与世界和平作出应有贡献。三是坚持多边主义，弘扬全人类共同价值，推动构建人类命运共同体。

“道相同则心相知，心相知则力相合。”新时代的中国，面临前所未有的机遇与挑战。深处百年变局，中国更需要朋友的帮助与支持。中国是讲信义、重情义、扬正义、树道义的国家。对待朋友，中国不分大小强弱，凡是爱好和平、相互尊重、平等互利的国家，都是中国的好朋友。中国的“朋友外交”“伙伴外交”也定能在国际社会形成共通、共鸣，实现共振、共情。

总之，中国式现代化不仅造福中国人民，也正在织全球伙伴关系之网，打新型国际关系之结，铸人类命运共同体之魂。

第三节

命运共同体：再造“人类世”

从人到人类，不只是人本主义的连续性突破了群己悖论，更是本质的拓展。“类”的概念，不只是智人区别于其他动物,更是类本质的不同。马克思在《1844年经济学哲学手稿》中指出：“人的类特性恰恰就是自由的自觉的活动。”[①]

人类是人的总称，从进化意义上的智人（学名为Homo sapiens，又称人类）到人，再到政治意义上的人民，最后归于一个大而全的概念——人类。西方主导世界的500年来，诞生出为了证明“自我”是文明、“他者”是野蛮的人类学（不可避免地导致种族之争）和人类中心主义（消极“人类世”[②]），这些都不会让我们的未来变得更美好。人类已经到了反思现代性、全球性，回归人类性的时候。人类命运共同体理念就是在这样一个变革的时代应运而生的，它呼唤我们超越国家利益来看人类社会的未来，关注长远的人类整体利益。它的出现，既有利于应对气候变化等全球性危机，也有利于塑造深海、极

① 《马克思恩格斯全集》第42卷，人民出版社1979年版，第96页。

② “人类世”意味着人类成为环境演化的最重要影响因素。消极“人类世”，意即人类对地球造成的负面影响。

地、网络、外太空等新疆域全球秩序。人类不能在21世纪重复19世纪的权力政治规则，21世纪的人类需要21世纪的新规则，需将消极“人类世”扭转为乐观的积极“人类世”。

人类命运共同体理念唤醒了人们对“人类世”的记忆，呼唤超越人类中心主义。

2000年，诺贝尔化学奖得主保罗·克鲁岑提出，人类已不再处于全新世了，已经到了“人类世”（The Anthropocene）的新阶段。也就是说，他提出了一个与更新世、全新世并列的地质学新纪元——“人类世”。

“人类世”是指地球的最近代历史，它并没有准确的开始年份，可能是由18世纪末人类活动对气候及生态系统造成全球性影响开始的。这个时段正好与詹姆斯·瓦特于1784年改良蒸汽机的时段相吻合。一些学者则将“人类世”拉到更早的时期，例如人类开始务农的时期。2010年6月，澳大利亚国立大学著名微生物学教授、人类消灭天花病毒的功臣弗兰克·芬纳称人类可能在100年内灭绝，“人类世”将终结。人工智能时代又拷问：人定义机器，还是机器定义人？人是碳基生命到硅基生命的过渡？生物人、机器人、数字人如何相处，组成后“人类世”？

一、跳出世界历史周期率

近年来，关于“第三次世界大战”的提法日益增多，其直接原因当然是俄乌冲突升级、新一轮巴以冲突外溢，更有近来特朗普强势回归，会大搞关税战，推行跟中国彻底“脱钩”的担忧，人们担心世界会分裂成为两大阵营。

毕竟，黑格尔的话阴魂不散——人类从历史中学到的唯一的教训，就是什么都没学到。

世界历史是否存在冲突与对抗的循环往复？人类能否跳出世界历史周期率，实现持久和平、普遍安全、共同繁荣、开放包容、清洁美丽的世界呢？

答案是可以的。

其一，世界历史周期率是宿命论，是“一神论”思维惯性使然——人有原罪、人性本恶、权力本恶，才会形成所谓的“大国政治的悲剧”。但是，这次崛起的是中国，不是西方列强。中国不是“一神论”国家。这是工业革命以来国际政治最大的变化。中国和美国本质上的战略文化是不一样的，更不用说社会制度不一样。美苏争霸有争夺第三罗马的道统冲动，而对中美关系来说，和合共生是最终出路。

其二，作为“世界工厂”，中国在2010年成为全球制造业第一大国以来，就一直占据了世界上近三成的制造业比重，是全世界唯一具有全部工业门类的国家，并没有被“贸易战”“科技战”打垮。中国制造业在世界稳居第一，有效阻止了美西方国家“脱钩”“断链”的企图，更阻止了世界分裂为两大体系。

其三，当今世界正迈入数字文明时代，其逻辑不同于工业文明，不存在明确的第一、第二、第三产业分野，是你中有我、我中有你的融合创新共同体。人工智能和核武器的结合，印证了爱因斯坦所说的“如果有第三次世界大战，人类用石头作战”，可能形成“武器摧毁整个人类”的可怕后果。“相互确保摧毁”在冷战时期就成为确保美苏不会陷入直接热战的定海神针，而今天的中美更不可能陷入热战。此外，全球化和科技创新仍有巨大潜力，可以消解大国之间的矛盾和冲突。大争之世不意味着世界大战。国际关系以及广义上的社会科学的研究，要跟上人类科技创新的步伐，不能脚踏入21世纪，而脑子还停留在19世纪、20世纪。所谓的“大国政治的悲剧”、修昔底德陷阱，某种程度上也是社会科学的悲剧、“西方中心论”的陷阱。面对百年未有之大变局，刻舟求剑，杞人忧天，都不是解决问题的办法。

中国坚持结伴而不结盟，崇尚和合共生文化，是拥有全部工业门类的国家，所以有能力也有意愿推动国际社会走出世界历史周期率。

指引这一方向的，那当然就是人类命运共同体。它超越了“一个制度取代另外一个制度，一种文明取代另外一种文明”的二元对立的思维方式，被第71届联合国大会主席彼得·汤姆森誉为“人类在这个星球上唯一的未来”。这就是国际自信，是“四个自信”的国际表达。

二、构建人类命运共同体是世界各国人民前途所在

党的二十大报告指出，构建人类命运共同体是世界各国人民前途所在。只有各国行天下之大道，和睦相处、合作共赢，繁荣才能持久，安全才有保障。[①]“一带一路”10多年建设，致力于实现政策沟通、设施联通、贸易畅通、资金融通、民心相通，正在克服平等赤字、发展赤字、信任赤字、治理赤字、和平赤字五大问题，把基础设施“硬联通”作为重要方向，把规则标准“软联通”作为重要支撑，把同共建国家人民“心联通”作为重要基础，解决不联不通、联而不通、通而不联、被联通的问题。

“一带一路”建设的核心是构建全球互联互通伙伴网络。怎样实

① 习近平：《高举中国特色社会主义伟大旗帜　为全面建设社会主义现代化国家而团结奋斗——在中国共产党第二十次全国代表大会上的报告》，人民出版社2022年版，第62页。

现互联互通呢？构建全球互联互通伙伴关系，关键在联通，核心在伙伴。今天，以互联互通为核心的“一带一路”通过包容性技术和包容性制度，正在帮助发展中国家实现弯道超车、变道超车和共同复兴，摒弃旧式全球化，开创全球化3.0版。“一带一路”让天堑变通途，才能天涯若比邻，体会天涯共此时——人类命运共同体。

人类命运共同体的核心要旨就是，世界命运应该由各国人民共同掌握，国际规则应该由各国共同书写，全球事务应该由各国共同治理，发展成果应该由各国共同分享。10多年来，“一带一路”取得丰硕成果，将中国传统“天地人”思维拓展到“天地人海空网”，实现人机交互、天地一体，万物互联，打造21世纪人类新文明，推动中国成为新的领导型国家，通过再造世界从而再造中国，充分说明共建“一带一路”应潮流、得民心、惠民生、利天下。一句话，“一带一路”源于历史，属于未来；源于中国，属于世界，是推进开放、包容、普惠、平衡、共赢新型全球化的倡议，是践行人类命运共同体理念的合作平台和深受欢迎的国际公共产品。

三、人类命运共同体引领“一带一路”建设的实现路径

具体而言，构建人类命运共同体的行动路径可以从五个方面展开：坚持对话协商，推动建设一个持久和平的世界；坚持共建共享，推动建设一个普遍安全的世界；坚持合作共赢，推动建设一个共同繁荣的世界；坚持交流互鉴，推动建设一个开放包容的世界；坚持绿色低碳，推动建设一个清洁美丽的世界。如果说“一带一路”主要是解放生产力，人类命运共同体则是重塑生产关系的底层逻辑，而生产关系也会反作用于生产力。

首先，人类命运共同体指明“一带一路”互联互通的时代意义。

人类是你中有我、我中有你的命运共同体。党的二十大报告提出以中国式现代化推进中华民族伟大复兴，构建人类命运共同体，创造人类文明新形态，其中的逻辑是立己达人，在中国式现代化基础上通过发起共建“一带一路”倡议，推动人类共同现代化事业，打破“西方中心主义”的线性进化论。发展中国家无法仿效西方的现代化，而西方又将自己的路推广为“普世道路”，造成今天世界乱象丛生。“一带一路”鼓励各国走符合自身国情的发展道路，告别近代，走出西方，真正生活在同一个地球村里，生活在历史和现实交汇的同一个时空里，你中有我、我中有你，通过互联互通，致力于命运与共。

其次，人类命运共同体赋予中国与“一带一路”国家梦梦与共的伟大使命。

人类命运共同体就是每个民族、每个国家的前途命运都紧紧联系在一起。中国人民对美好生活的向往为“中国梦”，世界各国人民也有对美好生活的向往，为“世界梦”。“一带一路”建设强调共商共建共享原则，倡导发展战略对接，改变了“一带一路”国家被全球化的局面，正在打造主场现代化、主场全球化，把世界各国人民对美好生活的向往变成现实，实现“美美与共”。“一带一路”建设聚焦发展这一根本性问题，释放各国发展潜力，实现经济大融合、发展大联动、成果大共享。正所谓“利当计天下利”，“一带一路”建设推动相互尊重、合作共赢的新型国际关系，对冲当下“脱钩”“断供”“新冷战”，具有鲜明的时代意义。

再次，人类命运共同体激发“一带一路”完善全球治理的迫切追求。

2017年1月18日，习近平主席在联合国日内瓦总部演讲指出：“让和平的薪火代代相传，让发展的动力源源不断，让文明的光芒熠熠生辉，是各国人民的期待，也是我们这一代政治家应有的担当。中国方案是：构建人类命运共同体，实现共赢共享。”[①]“世界命运应该由各国共同掌握，国际规则应该由各国共同书写，全球事务应该由各国共同治理，发展成果应该由各国共同分享。”[②]近年来，美西方鼓噪“基于规则的国际秩序”，仍然想要将中国等新兴国家排除在全球治理规则之外。相反，“一带一路”改变了这种强者逻辑，搭建了广泛参与的国际合作平台，为全球治理体系改革提供了中国方案，在世界发展史上具有重要里程碑意义。从双边到多边，从区域到全球，越来越多的国家和地区与中国签署了合作文件，网络空间、核安全、海洋等命运共同体应运而生，可谓志同道合。

未来的世界怎么样，很大程度上取决于“一带一路”建设得怎么样。“一带一路”倡议，不仅是为了再现昔日“使者相望于道,商旅不绝于途”的繁华景象，更是对全球化未来的想象，是为了人类的未来更美好。构建人类命运共同体是引领时代潮流和人类前进方向的鲜明旗帜，人类命运共同体致力于构建持久和平、普遍安全、共同繁荣、开放包容、美丽清洁的世界，引领“一带一路”建设的世界观和方法论。同时，“一带一路”建设所激活的“和平合作、开放包容、互学互鉴、互利共赢”的丝路精神，丰富了人类命运共同体精神谱系。在人类命运共同体的引领下，“一带一路”致力于实现共商共建共享的新型全球治理，开创人类文明新形态，推动人类共同现代化，助力世界共同现代化事业。

---

① 习近平：《习近平主席在出席世界经济论坛2017年年会和访问联合国日内瓦总部时的演讲》，人民出版社2017年版，第21—22页。

② 习近平：《习近平主席在出席世界经济论坛2017年年会和访问联合国日内瓦总部时的演讲》，人民出版社2017年版，第24页。

第七章

中国式现代化的世界意义：器物层面

中非共逐现代化之梦，必将掀起“全球南方”现代化热潮，谱写构建人类命运共同体的崭新篇章。

实现现代化是发展中国家不可剥夺的正当权利，如何实现现代化，实现什么样的现代化，是摆在“全球南方”国家面前的历史课题。习近平主席就中非携手推进现代化提出了六大主张，指出我们要实现公正合理的现代化、开放共赢的现代化、人民至上的现代化、多元包容的现代化、生态友好的现代化以及和平安全的现代化。这六大主张得到与会非洲领导人广泛认同，形成了中非双方的政治共识，标志着我们对走向现代化的规律认识不断深化，对掌握自身命运的历史自觉不断增强，对引领“全球南方”加快现代化、推动世界现代化必将产生重大和深远的影响。

第一节

中国制造：世界工厂

经过70多年的努力，中国成为世界上唯一一个拥有完整工业体系的国家。中国可以生产从火柴到火箭、从卫星到味精，几乎所有的东西。中国建设“一带一路”效率高，成本低。

中国人口占世界的近五分之一，中国的发展就是世界的发展，改变自己就可以改变世界。过去10多年，中国对世界经济增长的年平均贡献率超过30%。据国际货币基金组织测算，2024年，中国依然是世界经济增长的重要引擎。

自2013年中国发出“一带一路”倡议，拉动了近万亿美元的投资规模，形成了3000多个合作项目，为“一带一路”共建国家创造了42万个工作岗位，让近4000万人摆脱贫困，共有155个国家、32个国际组织加入“一带一路”大家庭。中国正与世界各国一同走在共同繁荣的康庄大道上。

瑞士洛桑国际管理发展学院（IMD）教授理查德·鲍德温在2024年1月17日发表了一篇文章称：中国目前是世界上唯一的制造超级大

国，其制造业产出几乎超过排在其后的9个国家和地区的总和。[①]

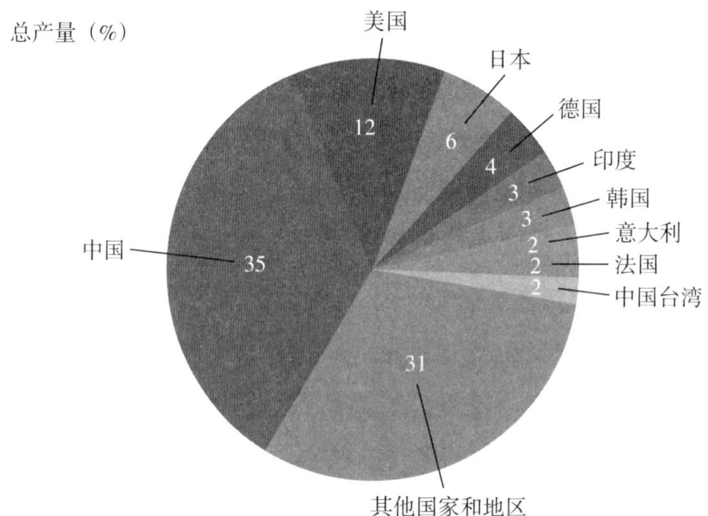

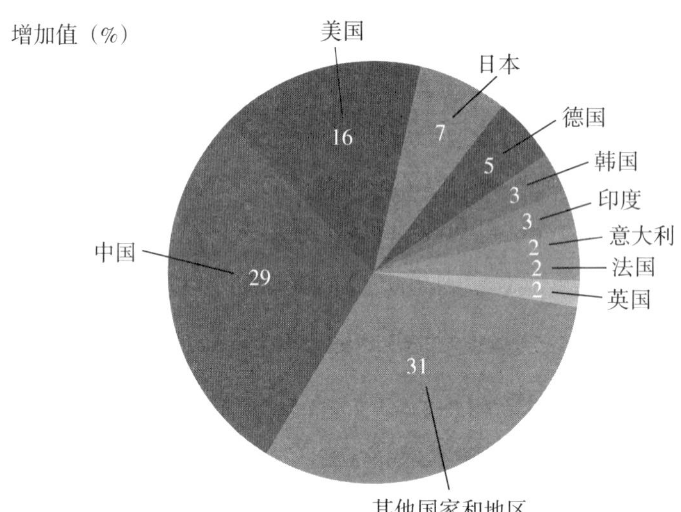

2020年全球制造业份额

资料来源：经合组织TiVA数据库（2023年更新）

① 参见：https://cepr.org/voxeu/columns/china-worlds-sole-manufacturing-superpower-line-sketch-rise。

上页显示了2020年全球制造业份额的两种视图。上图显示了按总产量计算的世界份额，下图则显示了按增加值计算的份额。两图的区别在于中间投入：中国的总产量等于中国制造商的总销售额；中国的增加值则是总产量减去购买的中间品的价值。

根据数据，有6个国家的制造业产量占世界总量的3%以上。紧随中国之后的是美国、日本、德国、印度和韩国。其中只有3个国家是历史悠久的工业经济体，其他3个是新兴工业经济体。七国集团包括美国、英国、法国、德国、日本、意大利和加拿大，其中有4个未能晋级。该图单独列出了份额至少为2%的国家和地区，其中包括意大利、法国和中国台湾（七国集团中的英国和加拿大没有上榜）。在按增加值计算时，英国的份额略高于2%。

就总产量而言，中国的份额约是美国的3倍，日本的6倍，德国的9倍。中国台湾、墨西哥、俄罗斯和巴西的总产量高于英国。加拿大的排名进一步下降，排在第15位。

另一个值得关注的是，这一统计数据是将金额折算成美元后计算的。考虑到中国和美国的产品价格差异，如果按购买力平价计算，或者按产量计算，这个差别会比图中显示的更大。

中国的工业化是前所未有的。上一次“制造业之王”被赶下宝座，是在第一次世界大战之前美国超越英国的时候。美国花了大半个世纪才登顶，中国登顶用了15—20年的时间。简而言之，中国的工业化前所未有。

经历这些年的贸易战、科技战、“脱钩”和断供之后，中国的“世界工厂”地位岿然不动，中国为世界提供了大量价廉物美的产品，极大地丰富了世界人民的生活，也是发达国家通货膨胀能持续维持低位、社会福利水平高的重要因素。

第二节

中国建造：世界市场

中国既是“世界工厂”，也是“世界市场”。

“一带一路”不仅激活了古代丝绸之路的历史记忆，也激活了中华人民共和国成立以来援助非洲国家摆脱殖民统治的美好记忆。1965年2月，坦桑尼亚总统尼雷尔访华，他向中国政府提出协助修铁路的请求，得到中国的积极支持。毛泽东主席说：“你们有困难，我们也有困难，但你们的困难和我们的不同，我们可以不修铁路也要帮助你们修建这条铁路。”[①]尼雷尔非常感动，因为他知道当时的中国刚刚经历“三年困难时期”，并不富裕。尼雷尔高度评价中国援建坦赞铁路是“对非洲人民的伟大贡献”，“历史上外国人在非洲修建铁路，都是为了掠夺非洲的财富，而中国人相反，是为了帮助我们发展民族经济”。

1967年9月5日，中国、坦桑尼亚和赞比亚三国政府在北京签署《关于修建坦赞铁路的协定》。1970年10月，坦赞铁路正式开工，1975年6月7日提前完成全线的铺轨任务，1976年7月完成交接。坦赞铁路与后来中国援建的非盟会议中心成为中非友好的历史丰碑。

---

① 陆苗耕：《毛泽东的非洲情怀》，《百年潮》2015年第5期。

2017年5月31日，对肯尼亚而言，是值得纪念的日子。这一天，全长约480千米、由中企承建的肯尼亚蒙巴萨—内罗毕标轨铁路（蒙内铁路）正式建成通车，首班列车由蒙内铁路起点蒙巴萨西站发车。中国国家主席习近平特使、国务委员王勇，肯尼亚总统肯雅塔和副总统鲁托等出席通车仪式。

在内罗毕火车站的方尖碑上印着五星红旗，刻着“谨此纪念肯尼亚铁路一百二十年历史”大字，并写有：“肯尼亚与铁路之缘游走在昨日的幻想与今日认识到世界发展的理性之间。历史上，对我们国家存在贡献最大的，仍然是铁路。铁路对我们国家商业、政治、宗教和文化的影响，前所未有。”“内罗毕终点站，是肯尼亚铁路发展上辉煌的明珠。它的美，不仅在于它是一件宏大的艺术品，也不仅仅在于它为旅客提供的尊享服务，而在于它是一个对未来肯尼亚繁荣的承诺。”“在这里，一条伟大的现代铁路将取代曾经行驶在这片大地上传奇般的蒸汽机车，改变目的地之间颠簸的旅途，告别经常脱轨、拥抱大地的米轨。”“肯尼亚共和国政府与中华人民共和国政府之间的承诺与合作，加上三万当地人民和三千中国人民组成的建设团队的同心协力，让标轨铁路项目提前十八个月交付完工。肯尼亚铁路局、监理咨询联合体和中国路桥的团队协作，很好地诠释了只要相信自己并且有锲而不舍的信念与决心，一切皆有可能的真理。”“我们赞美这条铁路，它连通各国，造福于民。”“向让梦想变成现实的人们，致敬！”

“一带一路”是中国奉献给世界的国际合作倡议与公共产品。作为世界经济增长火车头的中国，将自身的产能优势、技术与资金优势、经验与模式优势转化为市场与合作优势，将中国机遇变成世界机遇，融通中国梦与世界梦。

在埃塞俄比亚首都亚的斯亚贝巴，街边到处是中国建筑集团的标语和吊车。非盟总部也是中国建筑的杰作，其附近一家安徽企业的标语十分醒目。市内的轻轨、高架桥，市外的高速公路、收费站、路灯，到处都充满了中国气息。更不用说非洲第一条电气化铁路——亚吉铁路，它是中国企业首次在海外采用全套中国标准和中国装备建造的现代铁路。中非合作因而成为“一带一路”倡导的国际合作的示范。“一带一路”把中国资金、技术、市场、企业、人才和成功发展经验等相对发展优势同非洲丰富的自然资源、巨大的人口红利和市场潜力紧密结合起来，正在创造出新的发展奇迹。中国的现代化经验最为鲜活，与非洲合作政治基础最好，中国梦正激励和塑造着非洲奇迹、非洲梦。“一带一路”共建共商共享的理念是世界的“希望工程”，非洲是希望的大陆，与“一带一路”倡议进行目标、任务、经验、理念对接最为积极。埃塞俄比亚、坦桑尼亚、肯尼亚、刚果（布）成为中非产能合作先行先试示范国家。2015年，在中非合作论坛约翰内斯堡峰会上宣布的中非十大合作计划中，高速公路网、高速铁路网、区域航空网、基础设施工业化的“三网一化”，正在推进非洲的横向互联互通和区域合作，改变非洲在全球化进程中被边缘化的命运，打造非洲版全球化。

第三节

中国创造：世界实验室

加快建设网络强国、数字中国，致力于推动构建人类命运共同体，是中国式现代化的亮点。习近平总书记在党的二十大报告中，重申推动构建人类命运共同体，强调："中国始终坚持维护世界和平、促进共同发展的外交政策宗旨，致力于推动构建人类命运共同体。"[①]这表明，中国与某些拉帮结派、挑起争端的势力划清界限。同时，党的二十大报告提出加快建设网络强国和数字中国，并指出："中国式现代化的本质要求是：坚持中国共产党领导，坚持中国特色社会主义，实现高质量发展，发展全过程人民民主，丰富人民精神世界，实现全体人民共同富裕，促进人与自然和谐共生，推动构建人类命运共同体，创造人类文明新形态。"[②]中国共产党以中国式现代化实现中华民族伟大复兴，引领数字文明发展，将改变"国强必霸"逻

---

① 习近平：《高举中国特色社会主义伟大旗帜　为全面建设社会主义现代化国家而团结奋斗——在中国共产党第二十次全国代表大会上的报告》，人民出版社2022年版，第60页。

② 习近平：《高举中国特色社会主义伟大旗帜　为全面建设社会主义现代化国家而团结奋斗——在中国共产党第二十次全国代表大会上的报告》，人民出版社2022年版，第23—24页。

辑，创造人类文明新形态。

一、数字文明时代的逻辑

“21世纪是中国的世纪”，“中国世纪来临的标志是‘一带一路’、人类命运共同体”。这些是国外比较流行的看法。在中国人为“中国的世纪”欢欣鼓舞、自豪自信、干劲十足之际，也会被国际上别有用心者套用西方列强“国强必霸”的逻辑——“既然15世纪是葡萄牙世纪，16世纪是西班牙世纪，17世纪是荷兰世纪，18、19世纪是英国世纪，20世纪是美国世纪，那么21世纪中国取代美国，是其推行‘霸权’的开端”。事实上，中国并非西方列强，甚至并非民族国家，而是文明型国家。中华民族伟大复兴不是取代美国霸权，而是提出“人类命运共同体”理念，告别霸权本身，顺应数字时代发展的逻辑。

当今世界面临百年未有之大变局，人类已进入万物互联的数字文明时代，以数字化、网络化、智能化为核心特征的信息技术革命加速了产业变革、社会变迁，去中心化、去霸权是当前全球安全和发展的必然要求。习近平主席提出并强调“网络空间命运共同体”理念，这是由中华传统文化和社会主义性质决定的，是对人类文明的重要贡献。中国共产党的成功秘诀，就是把大一统、举国体制和世俗文化很好地结合，实现了三位一体：既充分利用资本，又驯服了资本、技术；既创造了工业化奇迹，又在开创数字文明新奇迹；既反对霸权体系，又超越霸权，开创了合作共赢新时代。中国共产党强调“文化自信”，实现与传统文化的有机结合，以及创造性转化和创新性发展。万物并育而不相害，道并行而不相悖，万类霜天竞自由，从个人修养而言是无为（道家）、无相（佛家），从社会形态而言即人类命运共同体。1974年，邓小平同志率领代表团出席联合国大会第六届特别会议时强调：“如果中国有朝一日变了颜色，变成一个超级大国，也在世界上称王称霸，到处欺负人家，侵略人家，剥削人家，那么，世界人民就应当给中国戴上一顶社会帝国主义的帽子，就应当揭露它，反对它，并且同中国人民一道，打倒它。”[①]中华民族伟大复兴的目标不是取代美国，而是终结人类霸权本身，开创人类命运共同体新时代。

二、人类命运共同体的和合共生逻辑

2021年7月，习近平总书记在中国共产党与世界政党领导人峰会上的主旨讲话中指出：“人类是一个整体，地球是一个家园。面对共同挑战，任何人任何国家都无法独善其身，人类只有和衷共济、和合共生这一条出路。”[②]“共生”有三个层次：共同生长，成就对方，成就天下。

一是共同生长。“天地之大德曰生。”（《易经》）北京冬奥会美国运动员陈凯伦表演滑冰时，响起《梁祝》音乐，这正是中美共同生长美的表达，体现东西方文明的冰雪互鉴。

二是成就对方。“夫爱人者，人必从而爱之；利人者，人必从而利之。”这对新型国际政治经济关系有重要启迪。2021年1月25日，习近平主席在世界经济论坛“达沃斯议程”对话会上的特别致辞《让

---

① 《邓小平文集（一九四九—一九七四年）》下卷，人民出版社2014年版，第355页。

② 习近平：《加强政党合作　共谋人民幸福——在中国共产党与世界政党领导人峰会上的主旨讲话》，人民出版社2021年版，第3页。

多边主义的火炬照亮人类前行之路》中指出："要提倡公平公正基础上的竞争，开展你追我赶、共同提高的田径赛，而不是搞相互攻击、你死我活的角斗赛。"①

三是成就世界。"计利当计天下利，求名当求万世名。"中美良性竞争、合作共赢成就自我，成就国家，成就世界。近年来，美国政府宣称对华"脱钩"，但是埃隆·马斯克却在上海增设50万辆特斯拉纯电动车项目，这证明中美合作成就世界的全球化逻辑、生产力规律和市场法则是政客们无法扭转的。

和合共生思想是超越时空的。今天，工业经济依然存在，数字经济正在全面崛起。人类命运共同体深刻描绘了数字经济时代生产方式、生活方式催生的思维理念。数字经济所推动的产业体系远远超过传统实体经济的产业体系，其中最大的差别是产业链的不可分割性和依存性。以芯片为例，芯片所涉及的产业分为几十个大类、上千个小类、50多个学科、上千道工序。所有产业链都是超长产业链，无法切割，和我们理解的传统实体经济截然不同。

在工业经济时代，主要按照行业门类来组织创新过程，人为设置理、工、农、医等学科专业，区分一、二、三等产业类型，行业边界清晰，"井水不犯河水"。在迈向知识经济时代的进程中，随着"互联网＋""大数据＋"乃至"人工智能＋"在经济社会发展中的作用日益凸显，组织边界、地域边界、技术边界、行业边界日益模糊，成为"你中有我，我中有你"的跨界融合共同体。

综观人类文明史，你我关系经历了代际转化：游牧-农业文明时代，"我"就是"我"，"你"就是"你"；工业文明时代，"你"中有

---

① 习近平：《论把握新发展阶段、贯彻新发展理念、构建新发展格局》，中央文献出版社2021年版，第494—495页。

“我”，“我”中有“你”；信息文明时代，“你”就是“我”，“我”就是“你”；数字文明时代，“我”通过“你”，而成为“我”；生态文明时代，因为“我们”，“我”才为“我”。

2022年北京冬奥会开幕式展示的科技美学，运用英特尔三维运动员追踪技术（3DAT），可以让地面的屏幕瞬间对演员位移作出实时反馈并呈现艺术效果。其技术方案融入了华裔工程师的贡献，也体现了中国市场对世界芯片企业的吸引力。这也是数字文明时代“你”中有“我”、“我”中有“你”的跨界融合创新共同体的展示。

三、中国共产党引领数字文明时代的逻辑

新冠疫情进一步促进全球化转型。全球化的主要驱动力——技术的创新出现新局面：一方面，类似区块链技术、万物互联模式、人工智能涌现，正削减“中心-边缘”体系；另一方面，在工业革命转向信息革命、数字革命过程中，第一次出现非西方力量参与并引领的现象——过去技术革命都是在西方内部循环，如今中国打破了这一循环，不仅成为工业革命与全球化赢家（建立独立完整的工业体系，制造业增加值占全球比重近三成），且参与引领信息-数字革命。西方世界对中国社会主义体制和世俗文明的结合，以及与前沿技术结合，进而实现弯道超车，有着恐惧心理。美国借此对华发起了所谓的“新冷战”，制造“国际统一战线”，以寻找打压中国的合法性。舆论担心“硅幕”取代“铁幕”，引发“新冷战”。

人类历史上首次出现非西方、非美国盟友、非宗教国家的中国既崛起又复兴的现象，这就是中国由大到强的含义，也是“当今世界正经历百年未有之大变局，我国正处于实现中华民族伟大复兴关键时期”辩证判断的潜台词。

更一般地说，迈入数字科技时代，数据为王，数据越用越值钱。独立的搜索引擎、数学等基础教育学科水平、文字的人工智能转化等，相当程度上决定了国家竞争力。

中国共产党领导的新中国学习借鉴又超越了西方文明成就，在短短70多年时间里就实现从最大的农业国向工业国的伟大跨越，创造了10亿级人口的工业文明，建成了世界上门类最齐全的工业体系，成为最大的工业制造国，现正在变成最大的数字化国家，彰显了社会主义制度优越性和中华文明的魅力。

中国人汲取鸦片战争的惨痛教训——农业文明根本不是工业文明的对手，在工业文明向数字文明转型过程中，中国人抓住历史性机遇，铆足了劲要实现中华民族伟大复兴的中国梦。

从数字中国到网络空间命运共同体，体现了数字时代的中国逻辑；作为构建人类命运共同体的重要实践，网络空间命运共同体是数字文明时代的人间正道。

第八章

中国式现代化的世界意义：制度层面

中国式现代化是走和平发展道路的现代化。必须坚定奉行独立自主的和平外交政策，推动构建人类命运共同体，践行全人类共同价值，落实全球发展倡议、全球安全倡议、全球文明倡议，倡导平等有序的世界多极化、普惠包容的经济全球化，深化外事工作机制改革，参与引领全球治理体系改革和建设，坚定维护国家主权、安全、发展利益。

制度建设是现代化建设的重要维度。本章就以亚洲基础设施投资银行为例，看如何补基础设施短板，使其成为现代化的普遍经验。

第一节

亚投行：补基础设施短板

亚洲基础设施投资银行（Asian Infrastructure Investment Bank，简称亚投行）不仅是首个由中国倡议设立的政府间亚洲区域多边开发机构，也是由发展中国家倡议成立而吸收发达国家加入的高标准的国际金融机构。亚投行的成立具有多重意义。

意义一，服务于亚洲振兴。据当时测算，在2010—2020年，亚洲发展中国家基础设施投资总需求高达8万亿美元，年平均投资需7000多亿美元，而现有多边开发银行在亚洲基础设施领域的年度投资规模仅为100亿—200亿美元。在这种情况下，通过设立亚投行，动员更多资金，支持域内基础设施建设和互联互通，将为亚洲经济增长注入长久动力，也有利于周边国家与中国经济的良性互动。亚投行的成立能加快促进本地区基础设施互联互通，推动区域经济合作，为亚洲经济发展注入新动力。习近平主席在亚投行开业仪式上的致辞中指出："亚投行正式成立并开业，将有效增加亚洲地区基础设施投资，多渠道动员各种资源特别是私营部门资金投入基础设施建设领域，推动区域互联互通和经济一体化进程，也有利于改善亚洲发展中成员国的投资环境，创造就业机会，提升中长期发展潜力，对亚洲乃至世界经济增长带来积极提振作用。”①

意义二，服务于南南合作和南北合作。亚投行创新的一大亮点，其成员中是发展中国家占多数且拥有较大话语权。这既顺应了国际经济格局的发展变化，也彰显了发展中国家携手推进亚洲区域发展的信心与决心。截至2024年，亚投行成员数量共110个，成员覆盖世界81%的人口和全球65%的GDP，以发展中成员国为主体，同时包括大量发达成员国。这一独特优势使其能够成为推进南南合作和南北合作的桥梁和纽带。

意义三，服务于全球治理。亚投行不仅激励国际金融体系变革，也在开创21世纪全球治理新路径，即Lean、clean、green（精益、清洁、绿色），并且将遵循“公开、透明、择优”原则遴选管理层明确写入协定。这是一项区别于现有主要多边开发银行的创新之举，反映了亚投行一贯坚持的现代治理理念。正如习近平主席指出的：“亚投行正式成立并开业，对全球经济治理体系改革完善具有重大意义，顺应了世界经济格局调整演变的趋势，有助于推动全球经济治理体系朝着更加公正合理有效的方向发展。”②为确保做到这一点，亚投行充分借鉴现有多边开发银行在治理结构、环境和社会保障政策、采购政策、债务可持续性等方面好的经验和做法，取长补短，高起点运作；同时，奉行开放的区域主义，开展联合融资、知识共享、能力建设等多种形式的合作和良性竞争，相互促进，取长补短，共同提高，提升多边开发机构对亚洲基础设施互联互通和经济可持续发展的贡献度。

---

① 习近平：《论坚持推动构建人类命运共同体》，中央文献出版社2018年版，第311页。

② 习近平：《论坚持推动构建人类命运共同体》，中央文献出版社2018年版，第312页。

此外，亚投行成立与“一带一路”建设互相促进。尽管亚投行并非为“一带一路”而设计，但功能上有重叠。亚投行的创立，极大鼓舞了“一带一路”的全球效应，增强了人们对“一带一路”建设的信心。一些国家反映，如果没有丝路基金、亚投行，“一带一路”便没有抓手。

在亚投行之后，中国又推动成立了金砖国家新开发银行、上合银行等。这说明，世界日益增长的对国际公共产品的需求与落后的供给能力之间的矛盾，就是中国引领全球化和全球治理的出发点，真正体现了中国担当。

第二节

"一带一路"：机制化

2013年9月，习近平主席在出访哈萨克斯坦期间，首次提出共建"丝绸之路经济带"倡议。同年10月，习近平主席在访问印度尼西亚时提出共建"21世纪海上丝绸之路"倡议。"一带一路"倡议的提出，是我国在新的发展背景之下，结合内外所需所提出的普惠共赢、互利合作的新倡议，力求在完善我国对外开放的基础之上，分享发展红利，惠及周边。

然而，伟大的事业总要面临风险，"一带一路"横贯亚欧非大陆，覆盖区域人口总量大，沿线各国之间在政治制度、经济发展水平以及文化传统等方面存在诸多差异，这就使在推进"一带一路"建设过程中不得不面对来自地缘、经济、法律、道德等方面的风险。因此，依托合作机制缓和争端，坚持合作对话、平等协商意义重大。《推动共建丝绸之路经济带和21世纪海上丝绸之路的愿景与行动》中明确指出，"一带一路"建设要坚持共商、共建、共享原则，积极推进沿线国家发展战略的相互对接，同时积极利用现有双多边合作机制，推动"一带一路"建设，促进区域合作蓬勃发展。在本节中，笔者将重点阐释"一带一路"现存的合作机制以及同其密切相关的沿线其他合作机制，指出应力求在两类合作机制整合的基础之上，树立"共同体"

意识，并以此共同应对挑战，推动互联互通的早日实现。

目前看来，“一带一路”建设的合作机制可以分为两大类：一类为我国所提倡建立的“一带一路”推进性合作机制，如中央领导小组、各类经济走廊、亚投行、丝路基金等；另一类为目前“一带一路”沿线各国的现存机制，如东盟、大湄公河次区域经济合作(GMS)、海湾阿拉伯国家合作委员会、欧盟等。

一、中国：“一带一路”推进性合作机制

“一带一路”作为一项平等互利的合作倡议，主要由中国主导，本着平等自愿的原则号召各国共同参与。为保证“一带一路”的顺利推进，展现中国负责任的国际形象，中国针对“一带一路”的推进从政治与经济两方面对合作机制进行了系统性建构，努力推进沿线各国合作。首先，中央成立“一带一路”建设工作领导小组，指导和协调“一带一路”建设，从国际上层政策设计层面对“一带一路”的整体推进与合作落实予以协调。其次，在具体的推进过程中，将经济走廊建设作为重要的配套合作机制。除此之外，通过亚投行与丝路基金为“一带一路”提供资金上的保障与支持。

（一）“一带一路”建设工作领导小组

“一带一路”建设工作领导小组的创立，表现了中国政府对于“一带一路”的高度重视，以顶层设计的形式对“一带一路”进行规划。这有利于从国家层面对“一带一路”建设进行统筹与政策制定，同时也为同各地区各国家在多领域开展合作奠定了坚实的基础。这一工作领导小组的组建是国内外各类合作机制有效运行的重要保证。因此，在开展“一带一路”建设的过程中，需充分尊重领导小组的建

议，遵守并落实其制定的相关政策，在国家的宏观指导之下稳步推进。

（二）经济走廊建设

“经济走廊”是指“在一个特殊的地理区域内联系生产、贸易和基础设施的机制；其主要是通过对交通走廊的扩充，提高经济利益，促进相连地区或国家之间的经济发展和合作”。[①]“经济走廊”最早由大湄公河次区域合作机制于1996年在马尼拉举行的第八届大湄公河次区域经济合作部长级会议上提出。

“一带一路”贯穿亚欧非大陆，一头是活跃的东亚经济圈，一头是发达的欧洲经济圈。丝绸之路经济带重点畅通中国经中亚、俄罗斯至欧洲（波罗的海）；中国经中亚、西亚至波斯湾、地中海；中国至东南亚、南亚、印度洋。21世纪海上丝绸之路重点方向是从中国沿海港口过南海到印度洋，延伸至欧洲；从中国沿海港口过南海到南太平洋。我国在东北亚、东南亚、南亚等地则通过经济走廊配合陆上北方丝绸之路经济带的建构。具体而言，我国在东北亚、东南亚、南亚、中亚依据不同的现实情况，因地制宜建立了“中蒙俄经济走廊”“孟中印缅经济走廊”以及“中巴经济走廊”等。不同经济走廊在具体的配套措施与政策安排上存在差异，但理念却是一以贯之的，即突出体现“共商、共建、共享”的理念，坚持包容开放、非强制的合作原则，各国和谐共生，和睦相融。这样有利于提高互联互通的水平，带动走廊沿线经济发展，推动“一带一路”建设。

① 邵建平、刘盈：《孟中印缅经济走廊建设：意义、挑战和路径思考》，《印度洋经济体研究》2014年第6期。

（三）亚投行与丝路基金

2013年10月，习近平主席在访问印度尼西亚时首次提及筹建亚投行。2014年10月，包括中国、印度、新加坡等21个首批意向创始成员国的财长和授权代表在北京正式签约决定共同成立亚洲基础设施投资银行。2015年6月29日，《亚洲基础设施投资银行协定》签署仪式在北京举行，亚投行宣告成立。2014年11月，习近平主席在亚太经合组织（APEC）领导人非正式会议上发表了题为《联通引领发展，伙伴聚焦合作》的讲话，宣布中国将出资400亿美元成立丝路基金，以保证"一带一路"事业的顺利开展。无论是亚投行抑或丝路基金，在一定程度上均可视为我国在经济层面上为"一带一路"建设所作出的努力。

亚投行是一个政府间性质的亚洲区域多边开发机构，按照多边开发银行的模式和原则运营，重点支持亚洲地区基础设施建设。亚投行将与世行、亚行等其他多边及双边开发机构密切合作，促进区域合作与伙伴关系，共同解决发展领域面临的挑战，提高资金使用效率，增强基础设施建设融资能力，推动实现发展中国家的互利共赢。亚投行在推进"一带一路"建设的过程中一方面能够深化各国之间的政治、经贸合作，另一方面能够为"一带一路"沿线的基础设施建设提供重要的资金来源与保证，以其覆盖范围广、参与国家多、历史作用大的特点成为"一带一路"沿线国家进行合作的重要平台机制。

二、沿线各国："一带一路"配合性合作机制

"一带一路"倡议将活跃的东亚经济圈与繁荣的欧洲经济圈紧密联系在一起，联结整个欧亚大陆，推动互联互通。在"一带一路"倡

议提出之前，各沿线区域针对域内外合作已存在诸种合作机制。2014年3月，外交部部长王毅在十二届全国人大二次会议记者会上表示，“一带一路”的大门是敞开的，与本地区现存的各种机制与设想并行不悖。“一带一路”倡议，在继承古丝绸之路精神的基础之上，具有高度的开放性、包容性，因此能够同各区域内现存的区域合作组织或政策进行对接，将沿线合作模式作为“一带一路”推进过程中的配合性机制，进一步增强双边合作深度，拓宽双边合作领域，提高双边合作水平。

“一带一路”倡议在东亚、东南亚、中亚、西亚、东北亚、欧洲等地区均同其区域内的现存合作机制有较强的利益相关性，能够在推动解决地区问题，实现区域繁荣发展等方面展开合作。例如，一方面，从整体上发挥上海合作组织（SCO）、亚欧会议（ASEM）、亚洲合作对话（ACD）、亚信会议（CICA）等合作平台或机制的作用，深化欧亚大陆整体的战略互信，推动合作落实。另一方面，针对不同的区域形势，开展不同类型的区域合作。如在东亚立足中国-东盟“10＋1”合作关系，在东南亚推动大湄公河次区域经济合作（GMS）的开展，在西亚进一步推动中阿合作论坛、中国-海合会战略对话的展开，在中亚地区推动中亚区域经济合作（CAREC）的实现等。沿线各国的域内合作机制，成为推动“一带一路”倡议落实的重要方式，也成为中国与各国开展合作的重要机制。下文将以东盟、大湄公河次区域经济合作、海湾阿拉伯国家合作委员会与欧盟为例，对“一带一路”的配合性合作机制予以阐释。

（一）东盟

2014年，中国与东盟的贸易额超4800亿美元，同2001年的400亿美元相比，年增长率超过20%。中国与东盟的双向投资规模也不断扩大，呈现迅速增长的趋势。“一带一路”倡议在此背景下提出，无疑为中国与东盟提供了重要的合作机遇，拓展了中国-东盟“10+1”“10+3”框架的合作范围，成为东盟国家参与“一带一路”建设的重要合作机制。除此之外，“一带一路”也为中国-东盟自贸区的谈判与建立提供了重要的契机。2024年，《区域全面经济伙伴关系协定》（RCEP）对15个签署国全面生效满1年，东盟也已连续4年成为中国第一大贸易伙伴。2023年，中国与东盟中间品贸易额为4.2万亿元，占中国与RCEP区域中间品贸易总额的50.2%。中国与东盟合作无疑翻开了崭新的篇章，双方政策沟通、贸易畅通、道路相通都将在“一带一路”倡议下的中国-东盟合作框架内得以逐步实现，早日实现互联互通。

（二）大湄公河次区域经济合作

1992年，亚洲开发银行在其总部所在地菲律宾马尼拉举行了大湄公河次区域六国首次部长级会议，标志着大湄公河次区域经济合作（GMS）机制的正式启动。目前，GMS合作范围包括中国（云南省和广西壮族自治区）、柬埔寨、老挝、缅甸、泰国、越南，该区域总面积256.86万平方千米，总人口约3.26亿。2008年3月，由国家发展和改革委员会、外交部、财政部联合发布的《中国参与大湄公河次区域经济合作国家报告》指出，GMS第二次领导人会议确立了以“相互尊重、平等协商、注重实效、循序渐进”为主要内容的合作指导原则，批准和签署了交通与贸易便利化、生物多样性保护、信息高速公路建设等多项合作倡议和文件，合作由此迈上新台阶。在此背景之下，“一带一路”倡议进一步为大湄公河次区域经济的发展注入活力，“五通”目标同大湄公河次区域经济合作的内容一致性高，互补性强，都强调基础设施层面的建设与发展。因此，“一带一路”倡议可以成为东南亚国家参与建设的良好配合性合作机制，深化中国同各国的战略合作。

（三）海湾阿拉伯国家合作委员会

海湾阿拉伯国家合作委员会（简称海合会），是海湾国家最主要的政治经济组织。中东地区局势不稳、地区动荡，我国“一带一路”建设在中东地区亦面临重大的地缘战略风险。如果能够将海合会作为“一带一路”框架下中国同海湾国家的重要合作机制，不仅有利于我国能源的进口，也有利于缓和“一带一路”建设过程中的地缘风险。2014年6月，在北京举办的中阿合作论坛第六届部长级会议上，习近平主席提出中阿双方本着“共商、共建、共享”的原则，合作共建“一带一路”的重要倡议，并提出了“1+2+3”的中阿合作格局，努力提升中阿务实合作层次。[①]这体现了中方愿同海合会国家增进战略互信，互利共赢，推动“一带一路”建设。中国同海合会国家的合作，必将带动双边政治互信、经贸发展与科技交流，进一步提升双边合作层次。

（四）欧盟

“一带一路”连接着繁荣的欧洲经济圈。由于“一带一路”倡议同欧盟在维护地区稳定、推动共同发展的目标一致，欧洲国家可以通过欧盟同我国开展“一带一路”建设的务实合作。2015年“一带一路”对接欧盟高达3150亿欧元的“容克计划”，可谓互利合作、共同发展的典型。资金上的战略对接仅为开始，中欧之间还将在更大范

---

① 吴思科：《“一带一路”框架下的中国与海合会战略合作》，《阿拉伯世界研究》2015年第2期，第10页。

围、更高层次、更广领域上开展合作，前景广阔而美好。

三、“一带一路”合作机制：优化与发展

上文从我国主导的推进性合作机制与沿线国家的配合性合作机制两方面入手，对目前“一带一路”存在的合作机制进行了说明。虽然“一带一路”倡议同各类合作机制契合程度高，但是由于域内外原因，摩擦与冲突时有发生，这在一定程度上削弱了各类合作机制的效用。因此，合作机制的优化与发展不可或缺，下文将从观念与实践两方面，为完善“一带一路”合作机制，更好地发挥合作效用建言献策。

（一）观念层面

为优化发展“一带一路”合作机制，应在共同体意识的指导之下，做到“一条主线，三个相互”，并将其统一于观念建构的过程之中。观念上的理性认知是开展务实性合作的重要基础。

一方面，应树立“共同体意识”，这是促使合作优化的观念之基。一花独放不是春，百花齐放春满园。“共同体”内涵背后是我国“一带一路”倡议共商、共建、共享的原则体现。在全球化高度发展的今天，各国命运紧密地联系在一起，可谓牵一发而动全身，牢记“共同体意识”能够为各国之间持续性、稳定性的合作寻求合理性，更好地整合相关资源，推动合作机制的稳步优化与发展。

另一方面，在“共同体意识”指导之下，应做到“一条主线，三个相互”，即“以保持合作为主线，相互理解、相互沟通、相互信任”。“一带一路”倡议，传承了“和平合作、开放包容、互学互鉴、互利共赢”的古丝绸之路精神，其出发点就是以合作的形式推动全球

互利共赢。因此，在面临争端与争议时，应清醒地把握合作主线，将摩擦控制在可调控范围之内，并在此基础上做到相互理解、相互沟通、相互信任。理解促使沟通的实现，在沟通的基础之上，才能实现最终的战略互信，使双方能够自觉而主动地参与到维护合作机制的过程中去。

（二）实践层面

在观念的引导之下，作为倡议者，我国应为优化“一带一路”倡议做出努力，具体包括以下三个方面：

第一，处理好同域内大国的关系。作为地区大国，一国的态度与观念将会对域内其他国家的决策与态度产生重要影响。处理好同地区内大国的关系对于保证“一带一路”倡议的顺畅运转意义重大。例如，对于俄罗斯，中方应加强欧亚经济联盟同共建“一带一路”倡议对接，加快中蒙俄经济走廊建设，打造更多标志性重点项目。

第二，以“五通”建构稳步推进合作。“五通”，即政策沟通、设施联通、贸易畅通、资金融通、民心相通。2013年9月，习近平主席在哈萨克斯坦纳扎尔巴耶夫大学发表重要演讲，首次提及“五通”建设。2015年3月，国家发展改革委、外交部、商务部联合发布的《推动共建丝绸之路经济带和21世纪海上丝绸之路的愿景与行动》再次对“五通”建设作出阐释。“五通”是我国推进“一带一路”建设的主旨要义，而“一带一路”合作机制的优化与发展也应放置于“五通”的整体规划之中。“五通”的开展，一方面将使沿线各国分享到我国发展红利，伴随着自身基础设施建设的不断完善而进一步致力于合作的深化；另一方面，“五通”的开展将有利于整合上文中提及的两类合作机制，使两类机制迸发出更多的发展活力。

第三，充分发挥外交优势。在优化“一带一路”倡议合作机制的过程中，尤其是进行危机公关时，我国可借力寻求外交机制的保障。例如，可以通过首脑外交的形式深化政治共识，深化同沿线国家的政治互信，保证持续性合作。也可以通过公共外交的形式增强沿线国家民众对华了解，促使民心相通逐步实现，为双边合作提供强大的群众基础。又如，可将我国亲诚惠容周边外交理念同“一带一路”倡议的开展相结合，在创建良好周边环境的基础之上，推进合作机制的优化发展。

第三节

“金砖＋”模式：包容与协调

中国是儒道释并存的文明型国家，强调和衷共济、和合共生理念，具体做法是兼收并蓄、融会贯通。因此，在国际合作模式上不是采取革命或推翻重来，而是强调战略对接、融入改良，使之更具开放性、包容性、公正性与可持续性。金砖国家合作机制就是典型例子。

近年来金砖国家成为全球化和全球治理的旗手。2006年，巴西、俄罗斯、印度和中国四国外长举行首次会晤，开启金砖国家合作序幕。2009年6月，“金砖四国”领导人在俄罗斯举行首次会晤，金砖国家间的合作机制正式启动。2010年12月，正式吸收南非加入机制，“金砖四国”也因此改称“金砖国家”。经过多年发展，金砖合作早已超出五国范畴。“金砖＋”是2017年习近平主席在金砖国家领导人厦门会晤期间提出的概念，以金砖国家合作为基础，邀请更多新兴市场国家和发展中国家加入，实现共同发展繁荣。金砖国家经常就共同关心的广泛议题达成共识。可以说，金砖国家已经成为国际关系中的重要力量和国际体系的积极建设者。

当前世界经济正在经历新旧动能转换，复苏缓慢乏力。金砖国家所处的国际大环境总体保持稳定，但也“波澜频起”，巴西、俄罗斯经济增长出现困境、国际主要经济体贸易保护主义抬头、外部势力干涉金砖国家内政等问题。因此，未来金砖机制要在重大国际和地区问题上保持共同立场，在此前经贸、科技、能源、IT等领域合作的基础上，加强成员国在创新、民间人文交流领域的合作，为金砖国家、新兴经济体的经济社会发展指明方向。与此同时，金砖机制必须在深化的同时适时适度扩容。“＋模式”的提出为金砖国家最终扩员奠定了坚实的思想与体制基础。2024年1月1日，沙特、埃及、阿拉伯联合酋长国、伊朗和埃塞俄比亚成为金砖国家正式成员国。这是金砖合作机制的历史性扩员，进一步增强了金砖国家影响力，提升了国际关系民主化和平等有序的世界多极化进程。

回顾金砖国家合作机制历程可以看出，金砖国家合作打造“三体”：

利益共同体：当前的国际形势，以经济为核心驱动的多极化发展已经成为主要特征，金砖国家在多极化发展道路上应该有自己的宏图，那就是打造金砖国家利益共同体。打造金砖国家利益共同体符合时代进步潮流，契合人民福祉，在这一问题上没有必要有什么疑虑。金砖国家最迫切要做的，是加强合作。

责任共同体：金砖国家合作肩负维护发展中国家权益，推动国际秩序向更加公正、合理方向发展的责任。金砖国家曾就联合国改革、维护二战成果、世界经济形势、巴以问题、伊朗核问题、阿富汗问题、乌克兰局势等一系列重大国际和地区问题表达过共同立场，在金砖国家新开发银行、亚投行等经济建设领域有着默契的合作。在重大问题及领域的合作方面有着广泛基础，为今后深入合作创造了良好的条件。

命运共同体：金砖国家已形成国际体系的命运共同体。

金砖国家的国际影响力，体现在以下三大方面：

——力量：金砖国家合作推动国际格局多极化和全球化向南北包容方向发展。全球金融危机爆发后，中国、印度成为世界经济主要发动机，金砖国家成为全球化的主要推动力，金砖国家合作抵制了发达国家普遍出现的反全球化、逆全球化趋势，让全球化更加包容、均衡、普惠。

——机制：金砖国家合作机制成为全球治理有力平台。金砖国家新开发银行及中国倡导成立的亚投行成为国际金融治理的新生力量，打破了全球治理的西方主导权。在中国和印度的带领下，金砖国家领导人一直在讨论如何建立自己的商业仲裁机制，从而减少对发达国家仲裁机构的依赖。这些机构的仲裁总是对发展中国家不利。乌法峰会通过的《乌法宣言》还提出，金砖国家呼吁世界主要经济体在二十国集团框架下就降低储备货币发行国家货币政策的风险展开对话。

——规则：增强发展中国家的国际制度性话语权，推动国际关系实现民主化。在2016年G20杭州峰会期间举行的金砖国家领导人非正式会议上，习近平主席表示：中方愿与金砖各国一道，深化各领域务实合作，推动构建维护世界和平、促进共同发展、弘扬多元文明、加强全球经济治理的“四大伙伴关系”。

为加强其在贸易与投资方面的竞争力，金砖国家领导人一直讨论建立一个五国评级机构。同时，为鼓励金砖国家内部贸易，他们也一直讨论向商务人士发行“金砖国家签证”以及为其他游客办理落地签的可能性。所有这些计划不仅提高了金砖国家在G20会议上的影响力，也推动了旧布雷顿森林体系机构（如世界银行和国际货币基金组织）的改革，帮助新兴经济体在全球金融决策中获得更多的代表性和发言权。

总之，金砖国家是新兴市场国家和发展中国家的领头羊，也是二十国集团重要成员，是推动国际秩序朝向更加公正、合理方向发展的主要动力，是全球化的旗手和全球治理的生力军。

第九章

中国式现代化的世界意义：精神层面

中国式现代化，深深植根于中华优秀传统文化，体现科学社会主义的先进本质，借鉴吸收一切人类优秀文明成果，代表人类文明进步的发展方向，展现了不同于西方现代化模式的新图景，是一种全新的人类文明形态。

中华民族伟大复兴，不仅为世界贡献器物文明、制度文明，而且贡献了精神文明。习近平总书记在2023年举行的中国共产党与世界政党高层对话会上首提全球文明倡议。这是继“一带一路”倡议、全球安全倡议、全球发展倡议后提出的又一全球性公共产品。全球文明倡议的提出，不仅吹响了中国积极推动文明交流互鉴、促进人类文明进步的号角，也为推动更高水平的国际合作提供了实践指向。全球文明倡议为保护世界文明多样性，推动全球文明交流互鉴，拓展构建人类命运共同体的实践路径提供了中国智慧和中国方案，必将对人类文明的发展产生重要影响。

第一节

底层逻辑：破除现代化迷思

昔“王侯将相，宁有种乎”一句口号，打破了贵族社会，构建了“英雄不问出身”的新史观；今“现代化，宁有种乎”打破了“现代化＝西方化”的迷思，开创了走符合自身国情现代化道路的崭新局面。

奥运会冠军成为很多商品的代言人，那么获得奥运会冠军跟他所代言的商品有什么关系吗？答案是：一点关系都没有！

这与西方现代化理论的“广告效应”如出一辙：西方实现现代化以后，就有很多学者为其代言，将其包装成各种理论，还用“李约瑟之问”让人在羡慕之余反思自己的不是。实际上，西方现代化的成功跟这些理论一点关系都没有。只是爱屋及乌，人们喜欢奥运金牌获得者，就喜欢冠军代言的商品。这跟现代化理论的西方话术不是一样的道理吗？

进一步说，中国既有“性善论”，也有“性恶论”，总体上持人性

“中性说”。既有消极的《命运赋》[①]，也有积极的《运命论》[②]，主张“制天命而用之”（荀子），人人皆可为尧舜。这是中国能够现代化的文化理念根基。

其他宗教的命运观较为消极，比如印度教的多神论主张“生命循环论”；基督教认为“命”是上帝定的，“运”则是上帝赐给人的自由意志，人们应该充分发挥上帝赋予人的才能并把握机会，在上帝安排的时间与环境中，来完成上帝的旨意。

一句话，中国式现代化理念借鉴并超越了西方现代化思想，又超越了源于“一神论”的封闭性与排他性，彰显世俗伦理与社会主义精神。正如费孝通先生指出的：“他们（即西方社会）常常由若干人组成一个个的团体。团体是有一定界限的，谁是团体里的人，谁是团体外的人，不能模糊，一定得分清楚。在团体里的人是一伙，对于团体的关系是相同的，如果同一团体中有组别或等级的分别，那也是事先规定的。”[③]

近代以来欧洲率先实现工业化、现代化后，就将自己说成是唯一的文明。文明从复数变成了单数，成为“普世文明”，其他国家只能学习他们。我们要尊重世界文明的多样性，每个国家都找到自信，而不是简单地西方化，而且简单地学西方也学不了。

---

① 传说由北宋宰相吕蒙正所写，又名《破窑赋》。其文感慨社会风云变幻莫测，世事如棋，起落无常，故人适应社会，宜顺应人生命运发展规律，懂自然之道，不以物喜，不以己悲，得失由然。

② 三国时期文学家李康创作的文学作品。此文是一篇亦骈亦散的论说文，主要探讨国家治乱与士人出处间的关系。文章先用史实论证“治乱，运也；穷达，命也；贵贱，时也”的观点，然后提出“乐天知命”的主张，最后告诫人们应明哲保身。

③ 费孝通：《乡土中国》，上海人民出版社2006年版，第24页。

当今世界，近代以来的殖民体系并没有完全崩溃，它的很多观念还在很多人的脑海里，比如非洲一些国家的名字、首都、法律都是按照西方的标准制定的，甚至连名称、语言都是这样。但这些国家的经济基础又比较落后，这就非常不匹配。民主要建立在一定的经济发展基础上，这种条件没有达到就推行西方民主，造成了很多麻烦。我们的改革开放先从经济基础做起，先经济改革，再稳步推动政治和社会的变革。这个逻辑即经济基础决定上层建筑。

中国式现代化有五大特征，即：人口规模巨大的现代化、全体人民共同富裕的现代化、物质文明和精神文明相协调的现代化、人与自然和谐共生的现代化、走和平发展道路的现代化。推进中国式现代化的目的是推进中华民族伟大复兴，是要实现全体人民共同富裕，有利他的情结。中国式现代化通过内敛、并联、和平方式实现，推动文明的共同复兴，开创文明新秩序。

再简单一点，中国式现代化的逻辑或可概括为四句话：政党再造国家，国家再造市场，市场再造社会，社会再造文明。1921 年中国共产党成立，1949 年中华人民共和国成立。中国共产党以人民为中心，充分发挥社会主义“集中力量办大事”的优势建设国家。我们创造市场，不是简单地为市场服务。比如建高铁，从北京到天津 140 千米左右，建设高铁肯定要花钱的，由国有企业承担建设和运营，短期内难以实现盈利。自从建成了高铁，从北京到天津不仅时间缩短了，而且形成了产业链。沿着高铁线路形成了房地产、旅游、通信、物流等各种各样的相关产业，促成了京津冀一体化。这就是政府创造市场的典型例子。广大发展中国家的政府应集中力量办大事，而政党要负起这个责任。

社会主义市场经济是法治经济，推动中国从血缘社会到法治社会，再造现代中华文明，实现创造性转化、创新性发展。这对广大发展中国家，尤其是非洲国家具有借鉴意义。比如像坦桑尼亚的尼雷尔领导力学院，我曾去讲过“一带一路”和人类命运共同体的课程，他们觉得很受启发，如醍醐灌顶，了解到不能盲目地学习西方那一套不接地气的发展模式。

中国强调要坚持有效市场和有为政府双轮驱动。政府开始时起决定性作用，创造条件让市场起作用，再让市场起决定性作用。我们讲经济像海，一开始就把普通人直接丢进大海里游泳会淹死，而我们是先建立游泳池，培训他们，当他们学会了游泳以后再逐步去大海里游泳，这时政府管少一点。中国人常说，带小孩是“扶一把，送一程”。教会他，等他学会走路了，强壮了，就可以去扶持其他更幼小的孩子。这就是中国的经验，我们把它称为“中国式现代化”，它解决了市场失灵、市场失位、市场失真的问题。如果按照西方自由经济学那套东西来，那整个中国市场是永远发展不起来的。以前人们就是迷信那一套东西，将其说成是“普遍真理”。

第二节

中层价值：人民中心

如何实现“人的现代化”呢？发展为了人民、发展依靠人民、发展成果由人民共享，人是现代化建设的承担者和推动者，人的现代化是推进中国式现代化的动力主体。要实现人的现代化，最重要的是提高人口素质，激发内在动力。只有依靠基数庞大而素质又高的国民，才能更好地建设中国式现代化。

一、天人合一与人神契约

天与神、合与分，是中西方观念分歧的关键。中文讲的“人”和西方讲的“human”不一样。中国讲的“人”是和天相对的，西方的“human”是和神相对的。西方讲的自由，首先是将人从神那里解放出来，即所谓的“宗教革命”，通过王权和神权的分工，取消“君权神授”。后来王权跟贵族（政府）又搞一个契约，这就是《大宪章》，限制因欧洲王室内部近亲联姻导致的昏庸国王胡作非为。此后，政府和人之间又有社会契约。西方讲的“自由”就是逐步地通过人（信徒）、王权、政府、主权和人权形成的。中华文明认为人与天不是契约关系，更没必要经历天–神–王–贵族（政府）–人的分化，天底下有诸神（诸神相爱而非诸神之战），主张敬鬼神而远之，反对装神弄鬼、无法无天，从而实现天人合一。

二、人民中心与人权

中国共产党将马克思主义普遍原理与中华优秀传统文化相结合，实现中国式现代化，创造人类文明新形态。林肯讲的“of the people”（民有）、“by the people”（民治）、“for the people”（民享），为孙中山先生所吸收并发展成为“三民主义”。中国共产党更进一步，强调“before the people”（吃苦在前，做人民的先锋队），更要求“after the people”（享受在后，做人民的公仆），因为“in the people”（以人民为中心）。因此，要用以“天-人”关系为核心的人本思想，而非西方“神-人”观的人文主义来理解中国，理解中国共产党。

1948年，中国代表张彭春作为《世界人权宣言》（*The Universal Declaration of Human Rights*）起草委员会唯一的副主席，将第一条第一句话“从生而自由，在尊严和权利上一律平等”（All human beings are created free and equal in dignity and rights）中“生”的英文由created改为born，这句话就修改为“All human beings are born free and equal in dignity and rights”，利用中国的世俗理论促成了宣言的诞生。因为中国人不信单一的神，是儒道释并存，天的信仰超越了神的皈依。他将*The Universal Declaration of Human Rights*译作《世界人权宣言》，而非按字面翻为《普世人权宣言》。

党的二十大报告指出：“全面建设社会主义现代化国家、全面推进中华民族伟大复兴，关键在党。”①“我们要落实新时代党的建设总要求，健全全面从严治党体系，全面推进党的自我净化、自我完善、自我革新、自我提高，使我们党坚守初心使命，始终成为中国特色社会主义事业的坚强领导核心。”②以党的自我革命引领伟大社会革命，是跳出治乱兴衰历史周期率的第二个法宝。可从人性叙事来说明：修身（共产党员的修养，引领伟大社会变革的私德）、齐家（党纪，引领伟大社会变革的道德）、治国（国法，引领伟大社会变革的公德）、平天下（全人类共同价值，引领构建人类命运共同体的大德）。

必须讲清楚中西方政治学的底层逻辑不同：西方政治学认为人性本恶、权力本恶，要通过制度和多党轮流执政，以权力制约权力。中国是两千年大一统的文明型国家，认为人性善恶是伪命题，权力要约束而非制衡，不以恶制恶。中国共产党领导是中国特色社会主义的最本质特征，也是最大优势。为统筹好百年未有之大变局和中华民族伟大复兴全局，中国共产党的领导力集中体现在党的领导核心和党的指导思想上。中国共产党为什么能，中国特色社会主义为什么好，归根到底是马克思主义行，是中国化时代化的马克思主义行。从历史政治学、比较政治学分析，“两个确立”“两个维护”是有深厚历史文化传统的，是回应人民之问、时代之问、世界之问的中国之治。国家之治，源于政党之治；政党之治，引领人类之治。

---

① 习近平：《高举中国特色社会主义伟大旗帜　为全面建设社会主义现代化国家而团结奋斗——在中国共产党第二十次全国代表大会上的报告》，人民出版社2022年版，第63页。

② 习近平：《高举中国特色社会主义伟大旗帜　为全面建设社会主义现代化国家而团结奋斗——在中国共产党第二十次全国代表大会上的报告》，人民出版社2022年版，第64页。

第三节

文明动力：苟日新，日日新

党的二十大擘画了以中国式现代化全面推进中华民族伟大复兴的宏伟蓝图，明确了全面建成社会主义现代化强国“两步走”的战略安排：从2020年到2035年，基本实现社会主义现代化；从2035年到本世纪中叶，把我国建成富强民主文明和谐美丽的社会主义现代化强国。中国式现代化的本质要求是：坚持中国共产党领导，坚持中国特色社会主义，实现高质量发展，发展全过程人民民主，丰富人民精神世界，实现全体人民共同富裕，促进人与自然和谐共生，推动构建人类命运共同体，创造人类文明新形态。这就将现代化的叙事从国内上升到国际，从器物层面、制度层面上升到精神层面，阐明现代化的文明底蕴，并且从文明形态的高度赋予中国式现代化人类文明史价值，充分展示了将马克思主义普遍原理与中华优秀传统文化结合的自信与自觉。

党的二十大报告还指出，构建人类命运共同体是世界各国人民前途所在。万物并育而不相害，道并行而不相悖。只有各国行天下之大道，和睦相处、合作共赢，繁荣才能持久，安全才有保障。中国提出了全球发展倡议、全球安全倡议，愿同国际社会一道努力落实。中国坚持对话协商，推动建设一个持久和平的世界；坚持共建共享，推动建设一个普遍安全的世界；坚持合作共赢，推动建设一个共同繁荣的世界；坚持交流互鉴，推动建设一个开放包容的世界；坚持绿色低碳，推动建设一个清洁美丽的世界。

一、从时间维度看，中国式现代化开启文明“各美其美”的前景

从时间维度看，中国式现代化和人类命运共同体都是正在进行时。在世界三大文明体系中，中华文明区别于强调人与神关系的印度文明和强调人与自然关系的希腊文明，强调人与人关系，并且是世界上唯一连绵不断且以国家形态发展至今的伟大文明。推动中国崛起复兴的历史进程，打破了艺术和科学一经衰微便不得复兴的“休谟悖论”，实现了从被动现代化到主动现代化的历史性超越，揭示了现代化乃文明适应时代环境而非线性进化，开创了文明“各美其美”的前景。

以中国式现代化推进中华民族伟大复兴，是对近代以来中国屹立于世界民族之林的鲜明概括，是近代以来中国仁人志士的最大梦想，是从文明古国迈向现代化国家的最大转型。

西方开启现代化，由果溯因，将现代化定义为以人与自然关系为主要标志的科技革命引发的工业化、城市化、农业现代化，否定了强调人与人关系的中华文明、人与神关系的印度文明及伊斯兰文明现代化的可能性。中国式现代化打破了这种倒果为因的叙事，揭露了现代化、现代性乃中世纪后宗教革命、资产阶级革命的叙事，鼓舞了文明古国实现现代化的信心，并且以文明复兴扬弃了西方现代化的弊端，这就是实现人的全面发展、人与自然和合共生、和平发展道路的文明意义。一句话，中国式现代化打破了西方现代化话语霸权，开创了文

明古国走符合自身国情现代化道路的先河，体现了世界现代化的多样性。

西方现代性的全球扩张，并没有带来人类共同现代化，而是塑造了文明等级秩序[①]。中国式现代化通过内敛、并联、和平方式实现，推动文明的共同复兴，开创文明新秩序。

一是以文明交流超越文明隔阂。交流的前提是平等。近代以来，西方以先进文明自居，凭借工业文明优势，通过坚船利炮打开各国大门进而殖民世界，摧毁了各种古老文明，打乱了其他文明发展进程，造成巨大的文明隔阂和灾难。中国式现代化通过农业、工业产品的“剪刀差”实现原始积累，通过举国体制实现快速工业化，是“走和平发展道路的现代化”，并且通过“一带一路”国际合作、全球发展倡议等分享中国式现代化经验，通过发展战略对接，打造21世纪最大的文明交流网络、国际合作平台和最受欢迎的公共产品。

二是以文明互鉴超越文明冲突。互鉴的前提是尊重。尊重文明差异性在现实生活中的体现，就是尊重发展模式多样性，鼓励各国走符合自身国情的发展道路，建立文明伙伴关系。中国式现代化是独立自主的现代化。党的十九届六中全会通过的《中共中央关于党的百年奋斗重大成就和历史经验的决议》指出，党领导人民成功走出中国式现代化道路，创造了人类文明新形态，拓展了发展中国家走向现代化的途径，给世界上那些既希望加快发展又希望保持自身独立性的国家和民族提供了全新选择。中国推动金砖国家新工业革命伙伴关系，既分享中国工业化经验，又倡导人类新工业革命，打造结伴而不结盟的新型国际关系。

三是以文明进步超越文明优越感。党的二十大报告指出：“中国

① 刘禾：《世界秩序与文明等级》，生活·读书·新知三联书店2016年版。

式现代化，是中国共产党领导的社会主义现代化，既有各国现代化的共同特征，更有基于自己国情的中国特色。”[①]“我们坚定站在历史正确的一边、站在人类文明进步的一边，高举和平、发展、合作、共赢旗帜，在坚定维护世界和平与发展中谋求自身发展，又以自身发展更好维护世界和平与发展。”[②]中国式现代化具有一般意义上的现代化共性特征，我们学习吸取了西方现代化经验，请来了“德先生”和“赛先生”，但也用“马先生”和“孔夫子”将其创造性转化、创新性发展，成为符合自身国情的发展道路。“中国式现代化”是我们自己的经验。因此，我们不输入别国模式，也不会要求别国复制中国的做法。

二、从现实维度看，中国式现代化倡导“美人之美”，打造均衡全球化版图

从现实维度看，中国式现代化破解“胡焕庸线”难题，在一穷二白与被封锁的不利条件下通过独立自主的举国体制，实现了中国这一世界最大的发展中国家的现代化奇迹，深刻改变了人类现代化版图和全球化格局。

① 习近平：《高举中国特色社会主义伟大旗帜　为全面建设社会主义现代化国家而团结奋斗——在中国共产党第二十次全国代表大会上的报告》，人民出版社2022年版，第22页。

② 习近平：《高举中国特色社会主义伟大旗帜　为全面建设社会主义现代化国家而团结奋斗——在中国共产党第二十次全国代表大会上的报告》，人民出版社2022年版，第23页。

（一）改变人类现代化版图

综观人类现代化发展史，现代化人口分布在发达国家，且人口总规模不超过10亿，历时近300年时间才实现现代化。直到今天，全世界实现现代化的国家不过30多个，而且不是西方国家就是依附于西方的国家或经济体。一个经济总量稳居世界第二，且综合国力、科技实力、国防实力、文化影响力、国际影响力不断攀升的人口大国迈向全面建设社会主义现代化国家新征程，这在人类历史上是具有深远影响的大事。到我们党第二个百年奋斗目标实现的时候，我们这个有着悠久文明历史、由56个民族组成的中华民族，我们这个拥有14亿多人口、960多万平方千米国土的东方大国，用中华人民共和国成立后的100年时间走完了西方国家几百年才走完的现代化历程。超过现有发达国家人口总和的中国迈入社会主义现代化国家，必将极大地改变现代化的世界版图，更加深刻地影响世界历史进程，推动构建人类命运共同体。

（二）创造人类文明新形态

中国式现代化正创造中华民族现代文明而再造中国，正创造人类文明新形态而再造现代化。

第一是再造中国，中国提出中国式现代化，并倡导世界共同现代化。中国式现代化也不再局限于国内，其意义已具全球性与普遍性，为人类探索现代化新范式贡献智慧，塑造构建人类文明新形态的深刻内涵。

第二是再造现代化，中国式现代化从什么样的现代化、谁的现代化、为了谁的现代化、依靠谁的现代化、怎样实现现代化五个方面超越了西方的现代化。不仅是跟中华优秀传统文化结合，实际上也跟其他各国的共同现代化的探索进行了结合。当下中国已是现代、数字社会与数字文明，此乃人类文明新形态于国内现代化的实践体现。

从这一视角看，现代化并非否定传统，也不等同于西方化，它不再是少数人的专属，而成为多数人共同的追求，是传统文明经创造性转化与创新性发展而形成的人类文明新形态。

从这个角度来讲，中国式现代化回答了三个问题："李光耀之问"①、"撒切尔夫人之问"②、"奥巴马之问"，回答了"中国的现代化之问"与"现代化的中国之问"。

（三）改变人类现代化文明

由于历史上西方国家率先实现了现代化，现代化也因此被贴上了西方的标签。然而，在实践进程中，鲜有后发国家复制成功的案例，"中国式现代化"的全球意义不言而喻。很长时间以来，很多人把现代化误解为西方化，认为要想实现现代化，就必须全盘"照搬"西方发展模式。然而，西方现代化从一开始便具有强烈的扩张性和残酷性，其成功的背后实际是侵略扩张、殖民掠夺，是以牺牲别国利益为代价的。

实际上，学术界也掀起过批判西方现代化的思潮，很多西方学者都反思西方现代化。例如英国著名社会学家安东尼·吉登斯认为西方现代化具有破坏性和不人道的一面，并导致了很多传统文化的消失；

---

① 李光耀曾说，中国在13亿人口当中选人才，美国是在全球70亿人口当中选人才。

② 撒切尔夫人曾说："中国不会成为世界超级大国，因为中国今天出口的是电视机，而不是思想观念"；"中国的知识体系不能参与世界知识体系的建构，不能成为知识生产的大国，即使中国在快速发展"。

美国哲学家马尔库塞批评资本主义现代化造成“单向度的人”。可以说，西方现代化经验都是基于发达国家的高标准，而发展中国家直接复制这样的模板宛如把婴儿扔到大海里游泳。中国结合国情，建立经济特区、开发区，自信自觉地推进具有中国特色的现代化道路。

三、从自身维度看，中国式现代化立己达人，通过“一带一路”国际合作打造命运与共的伙伴网络

中国式现代化立己达人，习近平总书记提出“一带一路”倡议，推动人类共同现代化进程，打造命运与共的伙伴网络，彰显社会主义国家的优越性和公平正义理念。

现代化是“欧洲中心论”的话语，以“现代–落后”“文明–野蛮”的二元叙事，乃至形成“前现代–现代–后现代”的欧盟线性进化说辞。第二次世界大战结束后，“欧洲中心论”为“美国中心论”取代，“发达–发展中–欠发达”国家叙事取代欧洲的现代化叙事。作为5000年连续不断的中华文明伟大复兴，中国式现代化是与人类现代化相对应的更具包容性叙事，开创了现代化与本土化相结合的中国式路径。

第一，中国式现代化摒弃了西方线性进化的逻辑。西方主导的现代化史，线性进化逻辑渗透于其理论思维中，认为其他国家应当追随西方发展道路，更应遵循西方规范。中国倡导借鉴一切人类文明的有益成果。新时代，中国强调“两个结合”，即马克思主义基本原理同中国具体实际相结合、同中华优秀传统文化相结合，既是借鉴人类文明中的优秀成果，又在中国历史文化和中国国情下产生真正意义上的理论超越，打破了西方国家话语霸权和线性进化论的桎梏，打破了人们对于西方模式的盲目崇拜和路径依赖。习近平总书记指出：“西方

发达国家是一个‘串联式’的发展过程，工业化、城镇化、农业现代化、信息化顺序发展，发展到目前水平用了二百多年时间。我们要后来居上，把‘失去的二百年’找回来，决定了我国发展必然是一个‘并联式’的过程，工业化、信息化、城镇化、农业现代化是叠加发展的。”①

第二，中国式现代化之路超越了“传统-现代”二元对立逻辑。与西方二元对立思维不同，中国坚守“和为贵”的观念，尊重文明多样性，主张借鉴吸收人类文明成果，继承传统文化，发展社会主义先进文化。随着中国式现代化的成功，中华文明将不断增强自身的影响力和吸引力。

第三，中国式现代化之路不走西方以资本为中心的现代化老路。中国式现代化不仅是传统的经济现代化，而且是物质文明、政治文明、精神文明、社会文明、生态文明“五位一体”的总体现代化。中国式现代化也绝不会以牺牲别国利益为代价来发展自己，这摒弃了西方以资本为中心的现代化、两极分化的现代化、物质主义膨胀的现代化、对外扩张掠夺的现代化老路。

第四，中国式现代化不只是文明的现代化，更是再造现代化文明。中华文明之所以生生不息、连续不断，就是笃信“苟日新，日日新”，“天行健，君子以自强不息”。现代化来到中国，不仅实现政治、经济、社会、文化、生态“五位一体”的集大成，且拥有5000年文明的厚度与温度，不是“现代-落后”的二元对立叙事，而是启示各种文明，无论是多么强大、多么先进或多么古老，都要不断适应日益变化了的环境。现代化不应造成环境负外部性与人的异化、传统

---

① 中共中央文献研究室编：《习近平关于科技创新论述摘编》，中央文献出版社2016年版，第24—25页。

的破坏，而应是所有人的全面现代化、全人类的共同现代化、人与自然和谐共生的现代化、传统文化创造性转化与创新性发展的现代化。英国历史学家汤因比在《历史研究》中也表达了类似看法，他特别推崇中华文明，认为是人类文明的希望。中国式现代化倡导各国现代化“各美其美，美人之美，美美与共”，倡导人与自然和谐共生。一句话，什么样的现代化，谁的现代化，为了谁的现代化，依靠谁的现代化，怎样实现现代化……现代化再造中国，中国也再造现代化，赋予现代化以文明的底蕴与意义。

汤用彤先生说过，中国接受佛学，第一阶段是求同，第二阶段是别异，第三阶段是合同异以达到更高的同。在人类现代化进程中，中国式现代化也经历了类似情形。

首先是求同：现代化。实现中华民族伟大复兴，是近代以来中国人民最伟大的梦想。要实现中华民族伟大复兴，必须实现现代化：工业现代化、农业现代化、国防现代化、科学技术现代化等。改革开放以来中国加入全球化，搞社会主义市场经济。中国的现代化从器物、制度到精神，不断跃升到社会主义核心价值观。

其次是别异：中国特色的现代化。习近平总书记曾指出，中国“独特的文化传统，独特的历史命运，独特的基本国情，注定了我们必然要走适合自己特点的发展道路”[①]。可以说，中国特色现代化道路既是逼出来的，也是自觉走出来的。

最后是合同异以达到更高的同，即构建人类命运共同体。以中国式现代化全面推进中华民族伟大复兴。推动构建人类命运共同体，创造人类文明新形态，是中国式现代化的本质要求。人类命运共同体倡导“和平、发展、公平、正义、自由、民主”的全人类共同价值，是

① 习近平：《论党的宣传思想工作》，中央文献出版社2020年版，第17页。

各国价值观的最大公约数。

当今世界正处于百年未有之大变局。中西方的技术和制度之争日益激烈，同时围绕人类前途命运展开战略叙事竞争。讲好新时代的中国故事，我们要说文解字、追根溯源、正本清源，积极主动开展关于人性（人权）、现代性（现代化）、全球性（全球化）的战略叙事，讲清楚中国式现代化、中华民族伟大复兴与人类命运共同体的关系，赢取民心。

以中国式现代化而非中国特色社会主义的叙事升级，就避免了中西方意识形态对抗的西方企图，更避免了西式现代化的思维依赖、路径依赖、体系依赖，以便能够走出自主现代化道路。中国式现代化不仅学习借鉴且超越了西方现代化模式，开创了文明古国、发展中国家、社会主义现代化的新模式，还通过“一带一路”国际合作，开创人类共同现代化，创造人类文明新形态。构建自主的现代化知识体系，呼吁我们以人类命运共同体史重述人类现代化史。重塑全球政治生态体系，自信自觉地开展现代化的战略叙事。

第十章

构建现代化自主知识体系

加快构建中国特色哲学社会科学，归根结底是建构中国自主的知识体系。要以中国为观照、以时代为观照，立足中国实际，解决中国问题，不断推动中华优秀传统文化创造性转化、创新性发展，不断推进知识创新、理论创新、方法创新，使中国特色哲学社会科学真正屹立于世界学术之林。

构建自主知识体系，是对西方“知识就是力量”的纠偏：力量产生知识——中华文明的力量、中国式现代化的力量，必然也正在生产新的知识，推动构建现代化自主知识体系，为广义上的中国乃至人类自主知识体系先行先试。

第一节

前提：破除“西方中心论”

构建自主知识体系，需要回答七大问题：

——为什么？党的二十大报告提出，党中央统筹中华民族伟大复兴战略全局和世界百年未有之大变局。这是构建自主知识体系的根基。世界百年未有之大变局是近代以来特别是20世纪以来世界历史最具革命性的变化。关于大变局的时间概念，习近平总书记指出："当前国际格局和国际体系正在发生深刻调整，全球治理体系正在发生深刻变革，国际力量对比正在发生近代以来最具革命性的变化。国内外很多人都认为，这是世界自威斯特伐利亚和约以来的大变局。"[①]"特别是经过第二次世界大战结束以后的发展，发展中国家整体崛起，新兴市场国家实力不断壮大，世界经济版图发生深刻变化，引起国际格局和国际体系发生了前所未有的变化。"[②]可见，百年未有之大变局有三维之变：一是"近代以来"的观念之变——知识

① 习近平：《论坚持全面深化改革》，中央文献出版社2018年版，第195页。

② 习近平：《论坚持全面深化改革》，中央文献出版社2018年版，第195页。

的世界观、方法论之变；二是“威斯特伐利亚和约以来”的体系之变——知识体系之变；三是“第二次世界大战结束以后”的格局之变——知识范式之变。

——凭什么？中国从解决中国问题，到解决发生在中国的世界性问题，日益上升到解决人类问题。这是构建自主知识体系的中国自信与中国自觉。[①]党的二十大报告指出，科学社会主义在二十一世纪的中国焕发出新的蓬勃生机，中国式现代化为人类实现现代化提供了新的选择，中国共产党和中国人民为解决人类面临的共同问题提供更多更好的中国智慧、中国方案、中国力量，为人类和平与发展崇高事业作出新的更大的贡献！

——是什么？信仰体系、知识体系、常识体系是人类价值体系的三个层次。知识体系是连接信仰体系与常识体系的枢纽，着眼于从社会精英到社会大众的转变，从理性到感性，从习惯到自然，塑造人类命运共同体的底层逻辑。党的二十大报告指出，我们必须坚定历史自信、文化自信，坚持古为今用、推陈出新，把马克思主义思想精髓同中华优秀传统文化精华贯通起来、同人民群众日用而不觉的共同价值观念融通起来。

——依靠谁？构建自主知识体系，必须坚持人民主体地位，充分发挥人民的创造精神。党的二十大报告指出，坚持以人民为中心的发展思想。维护人民根本利益，增进民生福祉，不断实现发展为了人民、发展依靠人民、发展成果由人民共享，让现代化建设成果更多更公平惠及全体人民。

——为了谁？党的二十大报告发出“以中国式现代化全面推进中

① 王义桅：《构建中国自主知识体系的自信与自觉》，《中国社会科学报》2022年5月24日，第1版。

华民族伟大复兴”的号召，并指出：“中国式现代化的本质要求是：坚持中国共产党领导，坚持中国特色社会主义，实现高质量发展，发展全过程人民民主，丰富人民精神世界，实现全体人民共同富裕，促进人与自然和谐共生，推动构建人类命运共同体，创造人类文明新形态。”这揭示了构建自主知识体系的价值依归。

——立足哪？构建自主知识体系，根基源于马克思主义基本原理同中华优秀传统文化的结合。党的二十大报告深刻阐述道：中华优秀传统文化源远流长、博大精深，是中华文明的智慧结晶，其中蕴含的天下为公、民为邦本、为政以德、革故鼎新、任人唯贤、天人合一、自强不息、厚德载物、讲信修睦、亲仁善邻等，是中国人民在长期生产生活中积累的宇宙观、天下观、社会观、道德观的重要体现，同科学社会主义价值观主张具有高度契合性。我们必须坚定历史自信、文化自信，坚持古为今用、推陈出新，把马克思主义思想精髓同中华优秀传统文化精华贯通起来、同人民群众日用而不觉的共同价值观念融通起来，不断赋予科学理论鲜明的中国特色，不断夯实马克思主义中国化时代化的历史基础和群众基础，让马克思主义在中国牢牢扎根。

——怎么办？在人类现代化进程中，也会经历类似情形。2013年8月，习近平总书记在全国宣传思想工作会议上指出，中国“独特的文化传统，独特的历史命运，独特的基本国情，注定了我们必然要走适合自己特点的发展道路”。[①]可以说，中国特色现代化道路既是逼出来的，也是自觉走出来的。通过中国式现代化实现中华民族伟大复兴，构建人类命运共同体，创造人类文明新形态，是新时代中国式现代化的使命。人类命运共同体倡导“和平、发展、公平、正义、自由、民主”的全人类共同价值，是各国价值观的最大公约数。

---

① 习近平：《论党的宣传思想工作》，中央文献出版社2020年版，第17页。

“当前，坚持和发展中国特色社会主义理论和实践提出了大量亟待解决的新问题，世界百年未有之大变局加速演进，世界进入新的动荡变革期，迫切需要回答好‘世界怎么了’、‘人类向何处去’的时代之题。”①

构建自主知识体系的前提是破除“西方中心论”，为此要做到：

——知其然，知其所以然。现代性一词与古典性相对应，源自基督教神学，其一是基于时间的线性与断裂性，其二是基于理性的运用，由此形成“两希文明”内部的古今之辨。这种源于“两希文明”的现代性本身既带来了科学的福音、理性的勇气、技术的进步与人类的发展，也带来了可持续发展问题和公平正义问题，出现了祛自然和祛精神的启蒙心态。自然被客观化，成为被人改造的对象；精神被祛魅化，成为“理性的婢女”。如是，凡俗时代成为西方现代化的主要内容。尼采说“上帝已死”等于是从西方文明内部把“文明堡垒”爆破了，“没有上帝就没有道德”。在此之后，西方社会普遍地沦为价值的废墟。②

——知其共性，知其个性。“名非天造，必从其实”。“普世价值”是“西方中心论”幻觉，经历了从赤裸裸的基督教一神论到现代性、全球性的变迁。“普世”的概念源自基督教。公元5世纪时，东罗马帝国的君士坦丁堡牧首（主教）被荣称为“普世牧首”。那时的“普世”原文是oecumenical，既有“全世界范围”这个意思，也有“全基

① 《习近平在中国人民大学考察时强调：坚持党的领导传承红色基因扎根中国大地，走出一条建设中国特色世界一流大学新路》，《人民日报》2022年4月26日，第1版。

② 王建宝：《走出轴心时代——中国式现代化或为人类实现现代化提供新选择》，观察者网，2023年2月10日。

督教”的含义。现代意义的“普世价值”起源于启蒙运动，由于启蒙运动反宗教的特征，虽然也接受了“普世”的概念，但是，这个世俗化的“普世”一般使用universal这个词，以显示与基督教的区别。以1789年颁布的《人权宣言》为标志，资产阶级革命的精神成果就是以政治普世价值取代了宗教普世价值。近代科学革命强化了西方“发现”人类普世价值的中心论与优越感。不仅由于西方国家率先实现现代化，且因为其他国家现代化莫不是走西化或模仿西方道路，或者依附于西方而实现，现代化自然就被贴上西方的标签。要想实现现代化，就必须全盘“照搬”西方发展模式。只有当非西方的现代化道路走出来，才打破了“现代化＝西方化”的神话，还原西方现代化的两面性。中国式现代化既学习借鉴西方现代化的共性，又走出符合自身国情现代化道路，打破了“西方中心论”神话，并且以生态文明、数字文明思想强调人与自然和谐共生，构建人类命运共同体，超越了工业文明时代的现代化逻辑。

——知其正，知其反。西方化的现代化既带来了人类文明的巨大进步，深刻影响了世界历史进程，又是一个工业化、科学化与种族主义、殖民主义、资本主义、帝国主义的混合体，从一开始便具有强烈的扩张性和残酷性，其成功的背后实际是侵略扩张、殖民掠夺，是以牺牲别国利益为代价的。按照正反合的逻辑，中国式现代化是与人类现代化对应的，与西方现代化比较只是过程，不是目的。中外比较政治学的误区，就是把中国当作普通国家，而非文明。中国启迪的是整个人类，而非单一国家。因此，我们用“中国式现代化”，而不是“中国现代化模式”，更非“中国特色现代化”。

习近平总书记深刻指出：“世界上既不存在定于一尊的现代化模

式，也不存在放之四海而皆准的现代化标准。”[①]人类历史上没有一个民族、一个国家可以通过依赖外部力量、照搬外国模式、跟在他人后面亦步亦趋实现强大和振兴。只有回看走过的路、比较别人的路、远眺前行的路，弄清楚我们从哪儿来、往哪儿去，很多问题才能看得深、把得准。走自己的路，是党的全部理论和实践立足点，更是党百年奋斗得出的历史结论。中国特色社会主义道路，开拓于中国人民共同奋斗，扎根于中华大地，是实现社会主义现代化的必由之路，是创造人民美好生活的必由之路，是实现中华民族伟大复兴的必由之路。当今世界，要说哪个政党、哪个国家、哪个民族能够自信的话，那中国共产党、中华人民共和国、中华民族是最有理由自信的。实践充分表明，我们党领导人民不仅创造了世所罕见的经济快速发展和社会长期稳定两大奇迹，而且成功走出了中国式现代化道路，创造了人类文明新形态。

---

① 习近平：《论把握新发展阶段、贯彻新发展理念、构建新发展格局》，中央文献出版社2021年版，第9页。

第二节
路径：中国式现代化学

中国是文明古国、最大的发展中国家和社会主义国家。这三重属性，塑造了中国式现代化自主知识体系的主体性。

一、文明古国：现代性与本土性相结合

文明古国如何实现现代化？现代化是否意味着丢掉传统文化？这是困扰人类数百年的世界难题。

现代化是近代以来中国屹立于世界民族之林的鲜明概括，是近代以来中国仁人志士的最大梦想，是从文明古国迈向现代化国家的最大转型。

西方由果溯因，将现代化定义为以人与自然关系为主要标志的科技革命引发的工业化、城市化、农业现代化，否定了强调人与人关系的中华文明、人与神关系的印度文明及伊斯兰文明现代化的可能性。中国式现代化打破了这种倒果为因的叙事，揭露了现代化、现代性乃中世纪后宗教革命、资产阶级革命叙事的实质，鼓舞了文明古国实现现代化的信心，并且以文明复兴规避西方现代化的弊端，这就是走实现人的全面发展、人与自然和谐共生、和平发展道路的文明意义。一

句话，中国式现代化打破西方现代化话语霸权，开创了文明古国走符合自身国情现代化道路的先河，鼓舞了文明古国的现代化信心，还原了世界现代化的多样性。

二、发展中国家：中国式现代化创造独立自主实现现代化的奇迹

独立自主是中华民族精神之魂，是中国式现代化的核心内容。综观中华人民共和国成立后的历史，中国式现代化是一个逐步深化的过程，某种程度上也可以讲是被西方国家“倒逼”出来的。中华人民共和国刚成立时“一穷二白”，中国共产党团结带领全国各族人民历经千辛万苦、付出巨大代价，对中国现代化建设进行艰辛探索，正是坚持独立自主、依靠自力更生，仅用几十年的时间就基本完成了工业化历程，创造了发展和稳定两大奇迹。因此，独立自主是党从中国实际出发、依靠人民进行建设改革的必然结论。中国式现代化是中国共产党领导的社会主义现代化，走中国特色的社会主义发展道路，发挥“集中力量办大事”的社会主义制度优越性，发扬中华儿女在长期奋斗中逐步实现的吃苦精神与斗争品格，凝聚起推动中华民族伟大复兴的磅礴力量。

中国式现代化是独立自主的现代化。走符合自身国情的发展道路，就是中国式现代化的最重要历史经验。《中共中央关于党的百年奋斗重大成就和历史经验的决议》指出，人类历史上没有一个民族、一个国家可以通过依赖外部力量、照搬外国模式、跟在他人后面亦步亦趋实现强大和振兴。那样做的结果，不是必然遭遇失败，就是必然成为他人的附庸。2016 年 5 月 17 日，习近平总书记在全国哲学社会科学工作座谈会上明确指出，“当代中国的伟大社会变革，不是简单

延续我国历史文化的母版，不是简单套用马克思主义经典作家设想的模板，不是其他国家社会主义实践的再版，也不是国外现代化发展的翻版”[①]。每个国家都能够走符合自身国情的发展道路，这是国际关系民主化的必然要求。关于西方国家强势输出价值观的行径，科威特作家法瓦兹形容其为“如果你想成功，你必须像我一样；如果你长得不像我，我就让你成为失败者”。中国式现代化的成功，打破了这一做法，鼓励各国成为自己，命运自主，还原了人类现代化的多样性。党的十九大报告指出，党领导人民成功走出中国式现代化道路，创造了人类文明新形态，拓展了发展中国家走向现代化的途径，给世界上那些既希望加快发展又希望保持自身独立性的国家和民族提供了全新选择。中国是东方文明古国、最大的发展中国家和正在实现伟大复兴的社会主义国家，这些决定了我国现代化必然是中国式的，它不可能重复其他任何国家的模式。这既是具有中国特色的，又是全人类的。最重要的特征是中国共产党始终坚持全心全意为人民服务，强调以人民为中心，实现物质文明与精神文明“双丰收”。

中国式现代化对于发达国家也有很多启发。目前，发达国家普遍面临中产阶级缩水、贫富差距悬殊、政治极化与民粹主义。实际上，发达国家的现代化也是未完成进行时，并不是成为现代化国家就不发展了，发展是所有国家的共同任务。现在，很多发达国家也在借鉴中国经验，比如在产业政策、缩小贫富差距等方面汲取中国式现代化的经验教训，寻找新的合作机遇。

① 习近平：《在哲学社会科学工作座谈会上的讲话》，人民出版社2016年版，第21页。

三、社会主义国家：中国式现代化突破工业文明瓶颈和资本逻辑

人类社会走过的现代化是从农业文明社会向工业文明社会转变的现代化。在人类文明的发展史中，现代化对文明的延续有决定性的作用。在人类文明发展的任何一个阶段，一种文明都会经过萌芽、兴起、繁荣期，然后步入瓶颈期，最终要么融入新形态的文明，要么走向衰亡。在这个过程中，自然环境与生态条件对文明的进程起着重要作用。

当农业文明发展到一定程度，生产工具的发明和应用大规模改造了自然并破坏了生态环境，这会造成水土流失，局部地区出现土地荒漠化，人类赖以生存的生态系统随之变得简单和脆弱，这一地区农业文明的发展也就宣告终结。哈拉帕文明、古巴比伦文明、楼兰文明、玛雅文明等古代农业文明的消亡在一定程度上或都是缘于此。

随着社会的发展带来人口的增长，报酬递减规律约束着文明的进步。19世纪末、20世纪初，传统农业已不能提供足够粮食满足人口增长的需求，因此农业文明发展到了一个瓶颈期。工业文明带来的科技支撑，使得传统农业逐渐转向工业化农业，形成对工业化的依赖，也因此能生产更多食物满足人口增长的需求。

然而，工业文明也带来了严重的环境污染和生态破坏。

中国式现代化是对“现代化＝工业化”“现代化＝西方化”的全面超越，突破了工业文明瓶颈，倡导生态文明，拥抱数字文明。作为社会主义国家的现代化，中国式现代化倡导以人民为中心，超越以资本为中心的逻辑。

第三节

理念：创造人类文明新形态

习近平总书记在庆祝中国共产党成立100周年大会上的讲话中正式提出“人类文明新形态”这一概念。中国特色社会主义是党和人民历经千辛万苦、付出巨大代价取得的根本成就，是创造人民美好生活、实现中华民族伟大复兴的正确道路。中国坚持和发展中国特色社会主义，推动物质文明、政治文明、精神文明、社会文明、生态文明协调发展，创造了中国式现代化新道路，创造了人类文明新形态。《中共中央关于党的百年奋斗重大成就和历史经验的决议》指出，一百年来，党领导人民进行伟大奋斗，积累了宝贵的历史经验，这就是：坚持党的领导，坚持人民至上，坚持理论创新，坚持独立自主，坚持中国道路，坚持胸怀天下，坚持开拓创新，坚持敢于斗争，坚持统一战线，坚持自我革命。

就自主知识体系构建而言，中国式现代化是“十个坚持”的成果，并正在开创人类文明新形态，综述如下：

1. 物质文明：以人的全面发展超越“理性人”假说。西方现代化理论以人性本恶为出发点，发展为个人主义、理性人假说，在私人资本利润最大化引诱下出现物质主义膨胀。中国式现代化强调人的全面发展，以中华民族伟大复兴超越个人主义的狭隘和二元对立思维。

与西方资本主义私有财产神圣不可侵犯的理念不同，中国具有以公有制为主体、多种所有制经济共同发展的制度优势。中国式现代化的一个重要逻辑是：土地是国家的。在这一逻辑下，中国不仅能建立全国基础设施网络，且改革开放通过土地财政招商引资，同时推进工业化和城镇化进程。

2. 政治文明：以大一统超越“政府–市场”二分法。中国特色社会主义最本质的特征是中国共产党的领导，中国特色社会主义制度的最大优势是中国共产党的领导。中国式现代化遵循政党创造国家，国家创造市场，市场创造社会，社会创造文明的逻辑。1949 年中华人民共和国成立后，以毛泽东同志为主要代表的中国共产党人通过三线建设和大型基础设施建设创造市场。当市场形成，契约精神树立，法治跟上，中国从血缘社会走向法治社会，再造中华文明。在“一穷二白”的基础上实现现代化，政府必须创造市场，而非任凭市场发展，使国家陷入产业空心化，贫富差距扩大。中国式现代化扬弃了西方“高标准、一刀切、排他性”的模式，强调统筹政府与市场“两只手”、统筹发展与安全、统筹自主与开放。

3. 精神文明：以“天人合一”超越“神人契约”。天与神、合与分，是导致中西方观念分歧的关键。中文讲的“人”和西方讲的“human”不一样。中国的“人”是和“天”相对的，西方的“人”是和“神”相对的。西方讲的“自由”，首先是将人从神那里解放出来——人文主义是政治现代化的起源，即所谓的宗教革命。通过王权和神权的分工，取消“君权神授”。之后，王权跟贵族（政府）又搞一个契约（即《大宪章》）来限制因欧洲王室内部联姻导致的昏庸国王胡作非为。然后政府和人之间又有社会契约。中华文明认为人与天不是契约关系，认为天底下有诸神（诸神相爱而非诸神之战），主张敬鬼神而远之，反对装神弄鬼、无法无天，从而实现“天人合一”。

中国共产党将传统中华文化的天人合一思想上升到党与人民合一，超越了“人–神”观基础上的近代政治文明。社会主义精神文明建设是弘扬以伟大建党精神为源头的中国共产党人精神谱系，践行社会主义核心价值观，实现对传统文化的创造性转化和创新性发展。

4. 社会文明：以物质文明、精神文明相统一超越“公域–私域”二分法。中国式现代化的目标是实现中华民族伟大复兴，而非造就利益集团、服务中产阶级。近年来，全球化造成西方利益分化，西方中产阶级缩水，中产阶级主要承载的社会主流价值观流失，社会动荡不安。中国式现代化是全体人民共同富裕的现代化。共同富裕也包括精神层面的富裕。

5. 生态文明：以人与自然和谐共生超越西方工业文明逻辑和“人类中心论”。“生态文明建设代表工业革命以来发展范式全面而深刻的转变，是实现可持续发展的根本途径，也就成为构建人类命运共同体的根本途径。”“如果说工业革命是西方工业化国家对人类作出的重大贡献，那么生态文明的提出及其实践探索，则是中国在自身五千多年深厚文明基础上吸纳工业文明的优点，为人类发展可能作出的重大贡献。”①

总之，中国式现代化摒弃了西方以资本为中心的现代化、两极分化的现代化、物质主义膨胀的现代化、对外扩张掠夺的现代化的老路，打破了“现代化等于西方化”的迷思，拓展了发展中国家走向现代化的途径，为人类对更好社会制度的探索提供了中国方案。中国式现代化超越西方现代化小逻辑，回归中华文明大逻辑。

中国创造的人类文明新形态，从世界文明形态看是东方文明、中

---

① 张永生：《生态文明是构建人类命运共同体的根本途径》，《当代中国与世界》2021年第3期，第8—9页。

华文明的新形态；从现代化形态看是社会主义现代化文明的新形态；从文化形态看是中国特色社会主义文化的新形态；从人的形态看是实现人的全面发展的新形态。这一人类文明新形态已经取得了很大进展，在全面建设社会主义现代化国家新征程中必将日臻巩固成熟。

从人类文明形态看，中国式现代化不仅开启了文明古国复兴的光明前景——现代化不意味着破坏传统，其对传统文化的创造性转化和创新性发展，实现了独立自主的关注当下而非寄托来世的以人民为中心的文明与时俱进新形态。中国式现代化纠偏以资本为中心的现代化模式，倡导以人民为中心的现代化文明新形态，其中应有之义就是推动构建人类命运共同体。

当今世界正处于百年未有之大变局。中西方的技术和制度之争日益激烈，同时围绕人类前途命运展开战略叙事竞争。讲好新时代的中国故事，我们要说文解字、追根溯源、正本清源，讲清楚中国式现代化、中华民族伟大复兴与人类命运共同体的关系。

恩格斯指出："一门科学提出的每一种新见解都包含这门科学的术语的革命。"[①]构建自主知识体系是自主学术体系、学科体系和话语体系的结果和集成。中国式现代化提供了鲜活个案。

现代化是"欧洲中心论"的话语，以"现代-落后"，"文明-野蛮"的二元叙事形成"前现代-现代-后现代"的线性进化说辞。第二次世界大战结束后，美国崛起为全球霸权，"欧洲中心论"为"美国中心论"取代，"发达-发展中-欠发达"国家叙事取代欧洲的现代化叙事。作为5000年连续不断的中华文明伟大复兴，中国式现代化是与人类现代化相对应的更具包容性叙事，而非仅仅与西方现代化相对应的叙事。中国式现代化避免了西方现代化的思维依赖、路径依

① 《马克思恩格斯文集》第5卷，人民出版社2009年版，第32页。

赖、体系依赖，走自主现代化道路，构建自主的现代化知识体系，重塑全球政治生态体系，自觉自信地开展现代化叙事。

党的二十大报告指出，中国式现代化，是中国共产党领导的社会主义现代化，既有各国现代化的共同特征，更有基于自己国情的中国特色。中国式现代化具有一般意义上的现代化共性特征，我们学习吸取了西方现代化经验，请来了“德先生”和“赛先生”，但也用“马先生”和“孔夫子”将其创造性转化、创新性发展，使其成为符合国情的发展道路。“中国式现代化”不是一种替换，而是我们自己的经验。我们不输入别国模式，也不会要求别国复制中国的做法。

从人类文明新形态而言，横向比，尽管有不同的西方现代化模式，如盎格鲁-撒克逊模式、莱茵模式、北欧模式等，但都可归结为西方现代化；纵向看，中国式现代化不是与资本主义现代化相对应的现代化模式概念，而是要追问谁的现代化，为了谁、依靠谁的现代化。从人类文明形态角度来看，中国式现代化学习借鉴又超越了西方现代化。

从中国特色社会主义到中国式现代化，中国叙事逻辑展现出三大特征：一是中性，淡化意识形态，强调要团结不要分裂；二是包容，强调中国式现代化与西方现代化的共性，中国不是另起炉灶，而是在学习、借鉴和超越西方现代化模式；三是自信，中国式现代化是就人类文明形态而言的，并未陷入二元叙事陷阱。

中国式现代化避免了西式现代化的思维依赖、路径依赖、体系依赖，走出了自主现代化道路。构建自主的现代化知识体系，呼吁我们以人类命运共同体史重述人类现代化史，重塑全球政治生态体系，自信自觉地开展现代化的战略叙事。

第一，中国式现代化摒弃了西方线性进化的逻辑。西方主导的全球化史和现代化历史，线性进化逻辑渗透于其理论思维中，认为其他国家应当追随西方发展道路，更应遵循西方规范。中国倡导借鉴一切人类文明的有益成果，并非只是借鉴学习西方先进成果或先进文明。新时代，中国强调“两个结合”，即马克思主义基本原理同中国具体实际相结合、同中华优秀传统文化相结合，既是借鉴人类文明中的优秀成果，又在中国历史文化和中国国情下产生真正意义上的理论超越，打破了西方国家话语霸权和线性进化论的桎梏，打破了人们对于西方模式的盲目崇拜和路径依赖。

第二，中国式现代化之路超越了“传统–现代”二元对立逻辑。与西方二元对立思维不同，中国坚守“和为贵”的观念，尊重文明多样性，主张借鉴吸收人类文明成果，继承传统文化，发展社会主义先进文化。随着中国崛起、中国式现代化的成功，中华文明将不断增强自身的影响力和吸引力。

第三，中国式现代化之路不走西方以资本为中心的现代化老路。中国式现代化不仅是传统的现代化，而且是物质文明、政治文明、精神文明、社会文明、生态文明“五位一体”的总体现代化。中国式现代化也绝不会以牺牲别国利益为代价来发展自己，这摒弃了西方以资本为中心的现代化、两极分化的现代化、物质主义膨胀的现代化、对外扩张掠夺的现代化老路。

第四，中国式现代化不只是文明的现代化，更再造现代化文明。中华文明之所以生生不息，连续不断，就是笃信“苟日新，日日新”，“天行健，君子以自强不息”。现代化来到中国，不仅实现政治、经济、社会、文化、生态“五位一体”的集大成，且赋予5000年文明的厚度与温度，不是二元对立叙事，而是启示各种文明，要不断适应变化了的环境。现代化不应造成环境负外部性与人的异化、传统的破坏，而应该是所有人的全面现代化、全人类的共同现代化、人与自然和谐共生的现代化、传统文化创造性转化与创新性发展的现代化。英国历史学家汤因比认为中华文明是人类文明的希望。中国式现代化倡导各国现代化“各美其美，美人之美，美美与共”，倡导人与自然和谐共生。一句话，什么样的现代化，谁的现代化，为了谁的现代化，依靠谁的现代化，怎样实现现代化……现代化再造中国，中国也再造现代化，赋予现代化以文明的底蕴与意义。

构建自主的知识体系是中华民族伟大复兴的必然要求，百年未有之大变局也为此提供了可能。构建自主知识体系要确立“三个有利于”原则：有利于阐释中华民族伟大复兴；有利于阐释百年未有之大变局；有利于时代发展潮流，符合世界各国人民的共同期待。

2023年2月7日，习近平总书记在新进中央委员会的委员、候补委员和省部级主要领导干部学习贯彻习近平新时代中国特色社会主义思想和党的二十大精神研讨班开班式上强调，中国式现代化蕴含的独特世界观、价值观、历史观、文明观、民主观、生态观等及其伟大实践，是对世界现代化理论和实践的重大创新。①

中国式现代化是构建自主知识体系的关键词，超越了中国特色与西方普世的二元对立叙事，直击人类命运核心。当然，中国式现代化战略叙事也遇到先进与落后、独立性与依附性、因地制宜与路径依赖等思维挑战。

中国式现代化的本质是中国共产党领导的社会主义现代化，不是别的什么现代化，回答了三个西方现代化不愿回答也无法回答的基本问题：是谁的现代化？为了谁的现代化？依靠谁的现代化？中国式现代化不仅学习借鉴又超越了西方现代化模式，开创了文明古国、发展中国家现代化的新模式，而且以“苟日新，日日新”的文明底蕴赋予

---

① 《习近平在学习贯彻党的二十大精神研讨班开班式上发表重要讲话强调：正确理解和大力推进中国式现代化》，《人民日报》2023年2月8日，第1版。

现代化新的内涵：文明如何适应时代之变、世界之变，如何回应人民之问？立己达人，中国还通过“一带一路”国际合作，开创世界共同现代化、主场现代化、包容性现代化、以人民为中心的现代化，告别单向度现代化、异化的现代化以及摧毁传统文化的线性现代化，构建人类命运共同体，创造人类文明新形态，并在这一过程中形成中国式现代化理论和现代化自主知识体系。

结　语
中国式现代化的文化基因

"如果没有中华五千年文明，哪里有什么中国特色?"习近平总书记多次调研文化传承发展，深刻道出中华民族的自信之源。在2023年3月召开的中国共产党与世界政党高层对话会上的主旨讲话中指出："当今世界不同国家、不同地区各具特色的现代化道路，植根于丰富多样、源远流长的文明传承。"[①]习近平总书记深刻阐明了现代化与传统文化的关系，倡导重视文明传承和创新，充分挖掘各国历史文化的时代价值，推动各国优秀传统文化在现代化进程中实现创造性转化、创新性发展。

中国式现代化蕴含着深厚的文化底蕴。

一、是什么：中国式现代化的内涵源于中华优秀传统文化

宋孝宗、明永乐皇帝、清雍正皇帝讲过几乎相同的话，叫"儒家治世、佛教治心、道教治身"。自从宋代以来，中国儒道释并存，道家之共天、儒家之共生、佛家之共业，塑造了中国式现代化对西方的

① 习近平：《携手同行现代化之路——在中国共产党与世界政党高层对话会上的主旨讲话》，人民出版社2023年版，第7页。

现代化等于工业化、现代化等于西方化的全面超越，突破了工业文明瓶颈，倡导生态文明，拥抱数字文明。作为社会主义国家的现代化，中国式现代化倡导以人民为中心，超越了以资本为中心的逻辑。

从人与自然关系的角度讲，中国式现代化是“人与自然和谐共生的现代化”。中国传统的人与自然和谐共生的思想转化为“绿水青山就是金山银山”理念，并形成“碳达峰”“碳中和”的“双碳”目标。“双碳”约束在西方现代化的历史上是没有的。比如，美国仅3亿多人口，却消费了世界上四分之一的原油，这种现代化是以攫取全球资源为代价的。中国人口是美国的4倍多，断然不可能去模仿这种不可持续的现代化。尽管也走过“先污染再治理”的弯路，现在中国的现代化走的是节约资源、保护环境、绿色低碳的新型发展道路，提供更多优质生态产品以满足人民日益增长的优美生态环境需要。

从人与人关系的角度讲，中国式现代化是“全体人民共同富裕的现代化”。是所有人共同富裕还是少数人富裕，这是中国式现代化与西方现代化的根本区别。我们既坚持做大蛋糕，又注重分好蛋糕，使全体人民共享现代化成果。

从人与己关系的角度讲，中国式现代化是“物质文明和精神文明相协调的现代化”。中国人历来强调物质和精神的统一，现代化本来就兼具器物、制度、精神层面的内涵。只有物质文明建设和精神文明建设都搞好，国家物质力量和精神力量都增强，人民物质生活和精神生活都提升，社会主义现代化才能顺利向前推进。

从数量级的角度讲，中国式现代化是“人口规模巨大的现代化”。中华传统文化强调人多力量大，众人拾柴火焰高。人口规模巨大是中国的基本国情。14亿多人口要整体迈入现代化，其人口规模超过现有发达国家的总和，将彻底改写现代化的世界版图。习近平总书记指出，这“在人类历史上是一件有深远影响的大事”[①]。

从国与国关系的角度讲，中国式现代化是“走和平发展道路的现代化”。一些老牌资本主义国家走的是暴力掠夺殖民地的道路，是以其他国家落后为代价的现代化。秉持“以和为贵”理念，我国的现代化之路与奉行霸权主义、扩张主义的西方现代化有着本质的不同。中华人民共和国成立后，通过农业、工业产品的“剪刀差”实现原始积累，通过举国体制实现工业化，并通过改革开放创造经济快速增长和社会长期稳定的双重奇迹。中国始终坚持在维护世界和平中推动发展，在推动发展中促进世界和平。

二、为什么：追求中国式现代化，源于文明自信和文明底蕴

中华文明具有突出的连续性、创新性、统一性、包容性、和平性，这解释了中国式现代化“何以能”“如何行”的根本原因。

中华文明是世界上唯一绵延不断且以国家形态发展至今的伟大文明。中华文明的连续性，从根本上决定了中华民族必然走自己的路。如果不从源远流长的历史连续性来认识中国，就不可能理解古代中国，也不可能理解现代中国，更不可能理解未来中国。

中国式现代化告别了所谓的“现代化＝西方化”的迷思，还原了现代化乃各种文明不断适应变化了的环境的一种运动：苟日新，日日新。中华文明之所以生生不息，连续不断，就是笃信“天行健，君子以自强不息”。这启示着各种文明包括西方文明，无论多么强大、多

① 习近平：《论把握新发展阶段、贯彻新发展理念、构建新发展格局》，中央文献出版社2021年版，第9页。

么先进或多么古老，都要不断适应日益变化的环境；现代化不应造成环境负外部性与人的异化、传统的破坏，而应该是所有人的全面现代化、全人类的共同现代化、人与自然和谐共生的现代化、传统文化创造性转化与创新性发展的现代化。英国历史学家汤因比在《历史研究》中提出，如果中国能够在社会和经济的战略选择方面开辟出一条新路，那么它也会证明自己有能力给全世界提供中国和世界都需要的礼物，这个礼物能够把传统的“正题”与现代西方的“反题”结合起来，创造出一个能够使人类免于自我毁灭的“综合体”。这其实已经点出人类文明新形态的雏形。习近平总书记指出：“中国式现代化是赓续古老文明的现代化，而不是消灭古老文明的现代化；是从中华大地长出来的现代化，不是照搬照抄其他国家的现代化；是文明更新的结果，不是文明断裂的产物。中国式现代化是中华民族的旧邦新命，必将推动中华文明重焕荣光。”①

中国向外打开大门，积极参与国际分工，不断融入世界经济，推动经济快速增长，创造了世界经济发展史上的奇迹。西周大一统在历史上为中国提供了国家统一、文明汇聚、民族融合的基本框架与机制，对开创中国大一统和塑造中华文明“统一性”起到了重要的历史作用。秦汉时期形成的中央集权政治体制一直延续至明清。大一统是中国的显著优势。中国共产党团结带领人民建立了新中国，彻底结束了一盘散沙的局面，彰显中华文明魅力。中国式现代化并不否定传统文化，不迷信西方，不依附于别人，这也是优势所在。

---

① 习近平：《在文化传承发展座谈会上的讲话》，人民出版社2023年版，第7页。

三、怎么办：如何实现中国式现代化，中华优秀传统文化指明了方向

中华优秀传统文化有很多重要元素，比如，天下为公、天下大同的社会理想，民为邦本、为政以德的治理思想，九州共贯、多元一体的大一统传统，修齐治平、兴亡有责的家国情怀，厚德载物、明德弘道的精神追求，富民厚生、义利兼顾的经济伦理，天人合一、万物并育的生态理念，实事求是、知行合一的哲学思想，执两用中、守中致和的思维方法，讲信修睦、亲仁善邻的交往之道等，这些共同塑造出中华文明的突出特性，指引着中国式现代化的实现之道。

执中致和。中国式现代化是“并联式”而不是“串联式”的，是辩证的而不是“单向度”的，是产业数字化和数字产业化协同推进。中国不仅足够大，而且也不依附别人，不会去押宝，比如说氢能、量子通信等，无论世界上哪条路径成功并铺开，都能确保我国立于不败之地。

守正创新。提出新质生产力，不是否定过去，也没有“旧质生产力”的说法，而是强调提质增效、系统集成、绿色环保。2024年3月，习近平总书记在参加十四届全国人大二次会议江苏代表团审议时说，发展新质生产力不是忽视、放弃传统产业，要防止一哄而上、泡沫化，也不要搞一种模式。[①]新质生产力不是否定旧的生产力，而是要“先立后破”。

兼收并蓄，融会贯通。跨国企业的战略“中国＋”，凸显“下一

① 《习近平在参加江苏代表团审议时强调：因地制宜发展新质生产力》，《人民日报》2024年3月6日，第1版。

个‘中国’，还是中国”。从“互联网＋”到“人工智能＋”，不偏不倚，强调主体性。政府和市场的关系并非二元对立，而是通过“有为政府＋有效市场”模式，让政府既为市场服务，也创造和培育市场，解决政府失灵、市场失灵的问题。同时，为克服国际市场失灵，提出“一带一路”倡议，以中国式现代化推动各国共同现代化，彰显“立己达人”品格。

可以说，从“制天命而用之”的儒家文化，“夫唯不争，故天下莫能与之争”的道家文化，以及反对“贪嗔痴”的佛家文化，共同规范了中国式现代化的内涵、路径与目标。现代化的最终目标是实现人自由而全面的发展，这亦鲜明体现了马克思主义普遍原理与中华优秀传统文化相结合的品质。

尾　声

DeepSeek、《哪吒2》的火爆是中华文明复兴的时代强音

2025年春节，DeepSeek大语言模型算法和动画电影《哪吒之魔童闹海》（简称《哪吒2》）火爆全球，被誉为中国新质“硬实力”“软实力”全面强势崛起的写照。其中，DeepSeek在AI时代再现了“路漫漫其修远兮，吾将上下而求索”的屈原精神，戳穿了美国资本和“AI霸权”泡沫；《哪吒2》则形象生动诠释了诸子百家思想，尤其是“我命由我不由天”的道家智慧。

更重要的是，两者都展示了马克思主义基本原理与中华优秀传统文化深度结合，超越资本主义的垄断，与人类美好生活产生共鸣、共振、共情。其中具有代表性的有：

唯物论。古有荀子“制天命而用之”，今有邓小平同志的“发展是硬道理”。马克思主义唯物论与中华传统文化的朴素唯物思想结合，在中国式现代化建设中得到很好体现：新质生产力确保中国式现代化高质量发展。《哪吒2》对神仙的讽刺，入木三分地展示了中华文化的唯物论底色。

辩证法。产业数字化、数字产业化。不只是追赶本身，更重要的是辩证思维，促成中国并联式发展、跨越式发展奇迹，且统筹安全与发展。面对外网黑客对DeepSeek的疯狂攻击，中国安全软件公司密切协作，确保其运行安全。《哪吒2》电影主角哪吒与敖丙分别代表

了“魔”与“仙”的对立，但他们的命运却紧密相连。哪吒是“魔丸”转世，敖丙则是“灵珠”化身,二者一阴一阳,相互对立又相互依存。

实践论。从孔子的“学而时习之”、王阳明的“知行合一”到毛泽东同志的《实践论》，中国哲学理念强调经世致用。这种实践论不同于欧洲的先验论，而是强调在发展中规范，在规范中发展。受美国“星际之门”计划、中国DeepSeek横空出世的刺激，法国总统马克龙在法国人工智能行动峰会上感慨：如果欧洲不能利用人工智能和其他新技术的力量，“欧洲的民主传统、价值观乃至语言本身将受到危害”。欧洲人对于人工智能的担忧甚至上升到文明存续高度。马克龙的感慨也是对欧盟执着于“规范性力量”定位导致AI被中美两国超越的惊醒。

DeepSeek戳穿美国霸权泡沫的三大法宝：

第一，展示着中华文明的底蕴，即不信神，不信邪。拯救自己不靠上帝，靠我们的双手，不是靠英雄而是靠普通的创业者。通过3500多个高频使用汉字进行的大模型训练，其效率超过用英语。因为英语只能不断创新词，导致大语言模型学习成本飙升。不知当年喊出“废除汉字”“全盘西化”主张的某些前辈们作何感想。

第二，跟西方资本驱动不一样。用最小的代价获取最大的利益，而不是靠砸钱。梁文锋毕业于浙江大学，2015年带领同学创办杭州幻方科技有限公司（后更名为浙江九章资产管理有限公司），也就是后来大名鼎鼎的幻方量化，进行量化投资；2023年，创立DeepSeek，全称杭州深度求索人工智能基础技术研究有限公司。2024年，DeepSeek发布其R1模型（DeepSeek R1），其低成本、高性能、开源被认为打破了美国对AI的话语权垄断。DeepSeek的横空出世，不仅戳穿美国伪开源、真垄断的技术泡沫，也让全球科技界不得不重新审视中国的创新实力。

第三，对技术的理解不一样。技术人才应该是一种配置，应更好地符合国情，这与中华传统文化“靠山吃山、靠水吃水”的道理是一样的。当年，李光耀曾感慨：中国是无法与美国竞争的，中国在13亿人口当中选人才，美国是在全球70亿人口当中选人才。DeepSeek的大语言模型超越汉字，超越中国，属于世界，中国技术可以与世界各国国情很好地进行结合，并非只有成为霸权才能产生霸权式技术。某种程度上，这终结了工业革命以来世界列强争夺殖民地、划分势力范围的历史。

凡是过往，皆为序章。DeepSeek与《哪吒2》的火爆是中华文明复兴的时代强音，从硬、软实力上打破“历史终结论”，见证了中国式现代化成功关键，在传统文化天地人合一基础上实现人-资本-技术合一。

国际STEM教育研究所落户中国上海，“中国制造2025”系统发力，这些都是中华文明与时代结合，与工业化、数字化结合，所爆发出的威力。可以预见，更多的惊喜与惊奇，还在后头。这才是美西方国家惊诧的根源吧。反过来，这也见证了中国式现代化的文明底蕴与世界意义：激励世界各国（包括欧洲）以有别于美国的方式以更小成本和更高效率跨越式实现自己的“AI梦”。

后　记
读懂中国，关键要读懂中国式现代化

经济学家李斯特曾说，当一个人已登上了高峰以后，就会把他登高时所使用的那个梯子一脚踢开，免得别人跟着他爬上来。为此，1841年，他提出了影响深远的“幼稚工业保护论”。

现代化理论，甚至“现代化”概念，都鲜明地体现了这一点。

“现代化”一词由英文中的modern，即“现代”“摩登”演化而来，在英文中是modernization，意为to make modern，即“使成为现代的”之意。它有两个基本词义：一是成为现代的、适合现代需要，二是指公元1500年以来世界上出现的新特点和新变化。《韦氏词典》注称：现代指从大约公元1500年到当前这段历史时间。modern一词由文艺复兴时代的人文主义者最早使用，是相对于medieval，即中世纪而言，是把文艺复兴看作一个与中世纪对立的新时代。因此，“现代”不仅是一个时间尺度，而且是一个价值尺度，是指区别于中世纪的新的时代精神。

中华民族伟大复兴的应有之义，是对“现代化”作文明审视，将其置于人类文明史、西方文明史、全球化史、中华文明史视野中予以考察。

早在1853年，革命导师马克思在《纽约每日论坛报》的文章中就曾预言：支配未来世界的是黑格尔所提出的“两极相连”规律，如果一极是西方，那么另一极是中国。西方世界未来的命运，在很大程度上取决于中国的命运，“而不是决定于现存其他任何政治原因，甚至不是决定于俄国的威胁及其带来的可能发生全欧战争的后果”①。

在中国共产党领导下，中国人民将命运牢牢掌握在自己手里，立己达人，正激励并帮助更多国家实现命运自主。这正证实了马克思的预言。

经历“政党再造国家，国家再造市场，市场再造社会，社会再造文明”的逻辑，中国共产党创造了现代化奇迹，并引领人类追求好的现代化。这是“中国式现代化”提出的背景。面对“世界怎么了、我们怎么办”的时代之问，习近平总书记在党的二十大报告中明确宣示：“从现在起，中国共产党的中心任务就是团结带领全国各族人民全面建成社会主义现代化强国、实现第二个百年奋斗目标，以中国式现代化全面推进中华民族伟大复兴。”②中国共产党既为中国人民谋幸福、为中华民族谋复兴，也为人类谋进步、为世界谋大同。中国始终坚持维护世界和平、促进共同发展的外交政策宗旨，致力于推动构建人类命运共同体。这就是中国为应对世界之变、时代之变、历史之变提出的“中国方案”。

人类命运共同体理念受到越来越广泛的欢迎和响应。在双边层面，中国同巴基斯坦、老挝、柬埔寨、泰国、印度尼西亚、哈萨克斯坦、乌兹别克斯坦、塞尔维亚等国共同推动构建不同形式的命运共同体；在地区层面，周边、亚洲、亚太、中国-东盟、澜湄国家、中非、中阿、中拉、中国-中亚、上合组织等命运共同体稳步推进；在

---

① 《马克思恩格斯文集》第2卷，人民出版社2009年版，第607页。

② 习近平：《高举中国特色社会主义伟大旗帜　为全面建设社会主义现代化国家而团结奋斗——在中国共产党第二十次全国代表大会上的报告》，人民出版社2022年版，第21页。

全球层面，网络空间、核安全、海洋等命运共同体应运而生，人类命运共同体理念被多次写入联合国、金砖等国际组织决议或宣言，凝聚共识、推动合作。

中国式现代化推动人类共同现代化，写就中国式现代化由内而外、立己达人的世界意义。

主要参考文献

[1] 习近平：《高举中国特色社会主义伟大旗帜　为全面建设社会主义现代化国家而团结奋斗——在中国共产党第二十次全国代表大会上的报告》，人民出版社2022年版。

[2]《习近平在学习贯彻党的二十大精神研讨班开班式上发表重要讲话强调：正确理解和大力推进中国式现代化》，《人民日报》2023年2月8日，第1版。

[3] 习近平：《携手同行现代化之路——在中国共产党与世界政党高层对话会上的主旨讲话》，人民出版社2023年版。

[4] 习近平：《以中国式现代化全面推进强国建设、民族复兴伟业》，《求是》2025年第1期。

[5] 中共中央党史和文献研究院编：《习近平关于中国式现代化论述摘编》，中央文献出版社2023年版。

[6] 刘守英、范英、刘瑞明：《中国式现代化》，中国人民大学出版社2022年版。

[7] 罗荣渠：《现代化新论：世界与中国的现代化进程（增订本）》，商务印书馆2009年版。

[8] 王立胜、晏扩明：《“儒家传统–共产主义”文明新形态——中国道路对人类文明新形态的现代探索》，《文化纵横》2022年第3期。

[9]［美］西里尔·E.布莱克编，杨豫、陈祖洲译：《比较现代化》，

上海译文出版社1996年版。

[10]［英］安东尼·吉登斯著，田禾译：《现代性的后果》，译林出版社2000年版。

[11]［美］赫伯特·马尔库塞著，刘继译：《单向度的人：发达工业社会意识形态研究》，上海译文出版社2008年版。